TOYOTA Antelopes

2020-2021 Wリーグ覇者に学ぶ

トヨタ自動車アンテロープスのチームビルディング

監修　トヨタ自動車アンテロープス

ANTELOPES

はじめに

アンテロープスはなぜ優勝できたのか？

2021年3月21日、トヨタ自動車アンテロープスはWリーグ（バスケットボール女子日本リーグ）で悲願の初優勝をなし遂げました。直後のフラッシュインタビューで馬瓜エブリンが「みなさん、やりました！　歴史を変えました！」と叫びましたが、それまでのWリーグはENEOSサンフラワーズの「1強時代」が長らく続いていました。

2019‐2020シーズンは新型コロナウイルスの影響でプレーオフが中止になりましたが、その前年までの11シーズンにわたり、彼女たちが頂点に立ち続けてきたのです。世界のスポーツを見ても比類のない11連覇を達成していたENEOS。アンテロープスはそのENEOSに何度となく挑み、そのたびに跳ね返されてきました。

日本の女子バスケット界には2つのタイトルがあります。Wリーグと皇后杯です。Wリーグファイナルの約3カ月前に行われた皇后杯ファイナルでは、ENEOSに逆転負けを喫しました。しかも、ＥＮＥＯＳが世界に誇る１９３センチの渡嘉敷来夢選手が大会中に右ヒザ前十字靱帯損傷の大ケガを負い、その彼女を欠いていたにもかかわらず、敗れたのです。

それほどまでにＥＮＥＯＳの牙城は高く、それを打ち破れない悔しさにアンテロープスの選手たちは打ちひしがれました。しかし、その痛恨の敗北があったからこそ、２戦先勝方式のＷリーグファイナルを２連勝という最高の形で締めくくれたのかもしれません。

もしかすると、今回の私たちの優勝を「渡嘉敷選手がいなかったから勝てた」と見る向きが多いかもしれません。しかし、それはある意味で、ＥＮＥＯＳのほかの選手たちに対して失礼と言えます。彼女たちは皇后杯で優勝しました。渡嘉敷選手抜きでも日本一になり得る実力を持っているわけです。そこに対する尊敬を忘れてはいけないと思います。

では、アンテロープスはなぜ優勝できたのでしょうか？　そこには戦略や戦術だけではない、また、アンテロープスの選手たちの努力や熱い思いだけではない、チームとしての取り組みがありました。もちろん、戦略や戦術、選手の努力や熱い思いは優勝の要因として大きな部分を占めていますが、それだけではない「トヨタ式」の戦い方があったのです。

先の東京2020オリンピックでは、女子バスケットボール日本代表が史上初となる銀メダルを獲得しました。その興奮が冷めやらない中、2021－2022シーズンが始まりますが、私はアンテロープスの部長職を離れ、Wリーグの専務理事に就任しました。

私個人としては、1チームを強くしても意味がないのではないかと考えます。Wリーグで勝ち続けるチームをつくり、多くのバスケットファンやWリーグを目指す子どもたちにあこがれてもらいたい気持ちは、もちろんあります。しかし、もっともっと幅広い方々に女子バスケットボールの魅力を知ってもらいたいのです。

アンテロープスの部長としてWリーグに進言できることはあるでしょう。しかしそれよりも、もっと全体的なことをWリーグの内側から考えたほうがいいのではないか、そう思って、専務理事に就任いたしました。そこでの私の目標は「日本の女子バスケット界が世界レベルのバスケットを行っていることを知らしめ、そこでプレーする選手たちに輝く場所を与えたい」というものです。

2021－2022シーズンのアンテロープスは、コーチ陣は替わりませんし、連覇できるだけの力を持った選手たちがいます。新しい戦力も加わりました。しかし、チームとしてのステップアップがなければ、連覇できるはずがありません。これからも、成長を遂げる人たちがもっともっと出てくればいいと考えています。

本書の出版にあたっては、2020-2021シーズンにおけるアンテロープスのデータは原則としてすべて掲載してかまわないと判断しました。なぜなら、隠す必要などないからです。それを見た多くのチームが「トヨタはこんなことをしていたんだ」と参考にし、よりよいチームをつくっていけば、Wリーグの価値がさらに上がります。

私はかつてトヨタ自動車アルバルク（現アルバルク東京）でプレーし、工場勤務などを経たあと、アルバルクの部長を務めました。男子のほうを長らく見ていたこともあり、2015-2016シーズンにアンテロープスの部長になったときは違和感を覚えました。

例えば、試合に帯同しない選手がいても、以前は公表しませんでした（現在は公表しています）。現状のB.LEAGUEの場合は、「○○選手はケガのために出場しません」などと事前に公表します。その選手を見に来るファンもいるわけです。

「自分たちだけが勝てばいい」というのではなく、どのチームも素晴らしいゲームを展開し、リーグ全体として盛り上がるのが好ましいことではないでしょうか。そのほうが、見ている人にとっては興味をより持てますし、おもしろく感じられると思います。そして、その積み重ねが、選手たちだけでなく、女子バスケット界全体のレベルを引き上げ、ひいては女子日本代表のさらなるレベルアップにもつながると考えます。

ゲームの勝負どころで「自分がシュートを打つんだ」と思える選手が、果たしていまはどれくらいいるでしょうか。最後のシュート、これで逆転するというシュートを「自分に打たせてくれ」と言える選手がたくさん出てこないと、日本のレベルアップにはつながりません。

バスケットボールは、点差が30点も離れたときはシュートがおもしろいように決まります。しかし、リーグのレベルアップのためには、このプレーをやり切らなければいけないという緊迫した場面でシュートをたくさん打つことが必要になります。私はWリーグをそういう戦いの場にしたいと考えています。そのためなら、アンテロープスが初優勝したときのデータを開示することなど、なんでもありません。

本書では、ヘッドコーチ（HC）、アシスタントコーチ、選手、トレーナー、ストレングス&コンディショニングコーチ（S&C）らの証言をもとにしながら、アンテロープスがWリーグで優勝した経緯を記しています。真似できるところがあれば、どんどん盗んでください。一緒になって、日本の女子バスケット界のレベルをさらに上げていきましょう。

それぞれのチームの環境により、すべてを真似することはできないかもしれませんが、それでも、チームが勝つため、それぞれのカテゴリーがレベルアップするためのエッセンスを何か一つでも得ることができたのであれば、監修する立場としてうれしい限りです。

東京2020オリンピックでの銀メダル獲得は第一歩に過ぎません。日本の女子バスケットボールはこれからまだまだ輝いていきます。

2021年10月吉日

一般社団法人バスケットボール女子日本リーグ専務理事
トヨタ自動車アンテロープス前部長
清野英二

contents

歴史を変えた選手たちの声

Vol.1 三好南穂

歴史を変えた選手たちの声

Vol.2 栗原三佳

第4章 ストレングス&コンディショニングコーチが語る「見る力の共有と数値化の理由」

証言者 千葉秀哉

LEAGUE
PLAYOFFS

第22回 W LEAGUE
PLAYOFFS
2020-2021

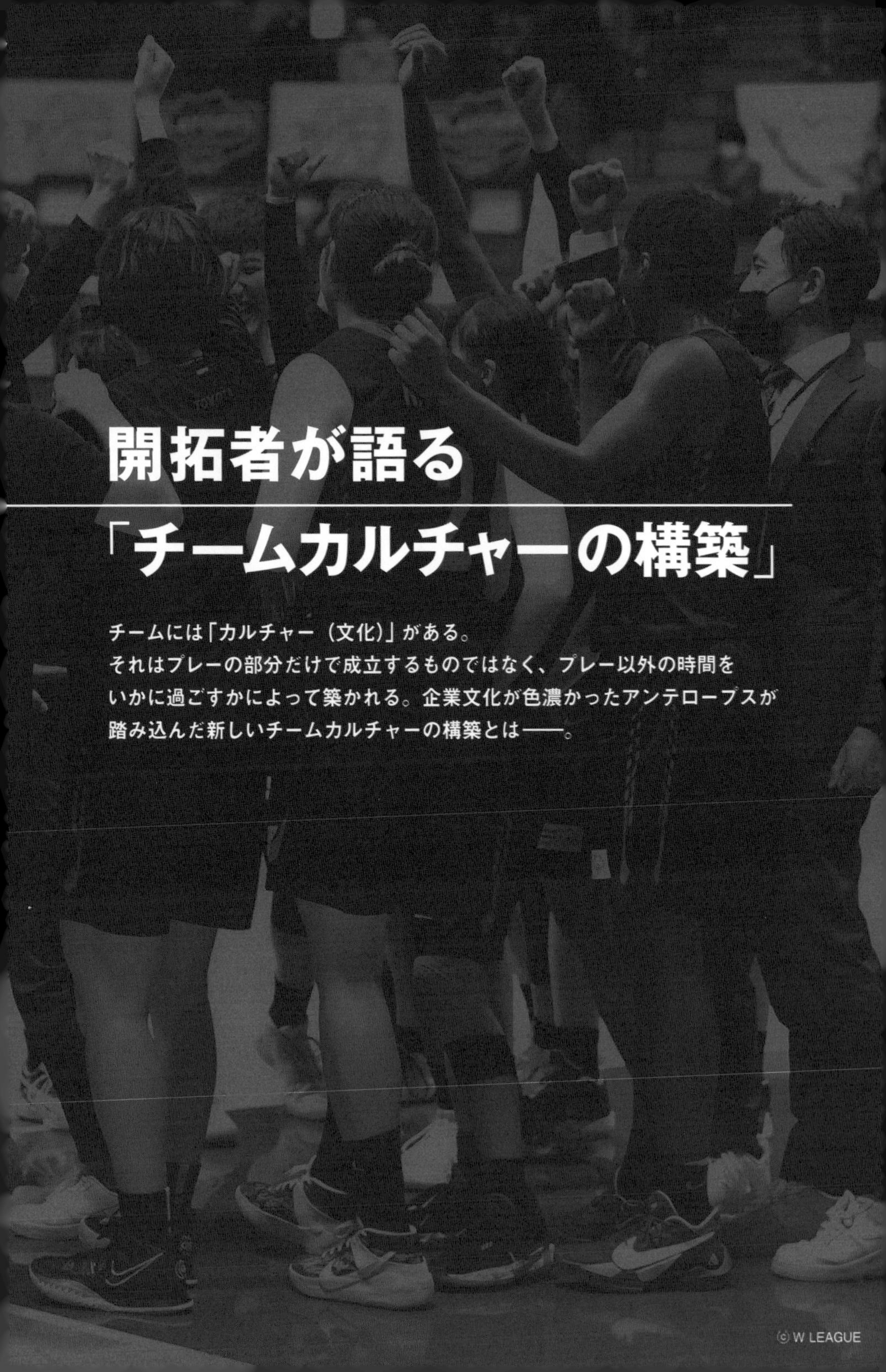

開拓者が語る

「チームカルチャーの構築」

チームには「カルチャー（文化）」がある。
それはプレーの部分だけで成立するものではなく、プレー以外の時間をいかに過ごすかによって築かれる。企業文化が色濃かったアンテロープスが踏み込んだ新しいチームカルチャーの構築とは——。

© W LEAGUE

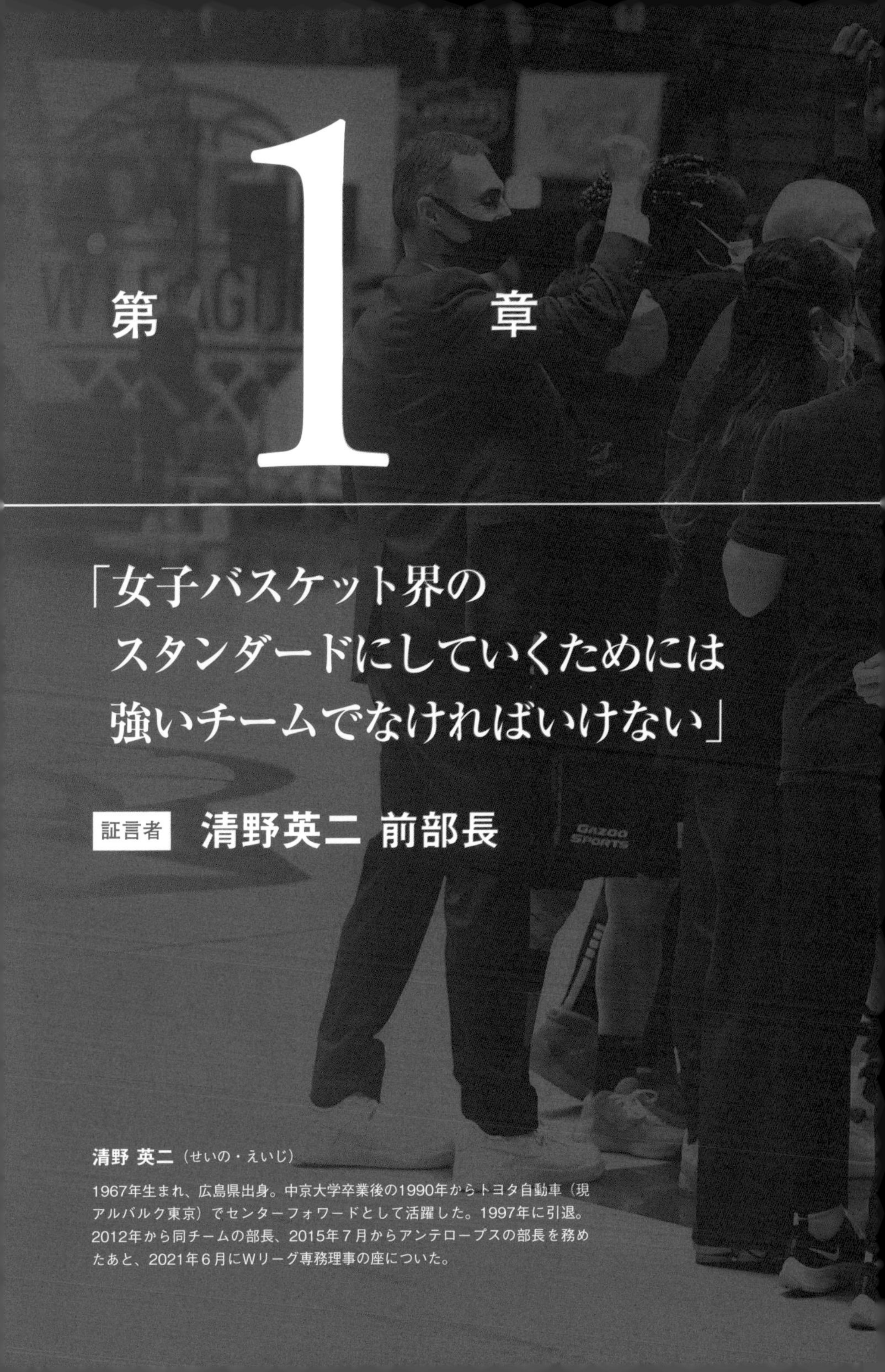

第1章

「女子バスケット界のスタンダードにしていくためには強いチームでなければいけない」

証言者　**清野英二 前部長**

清野 英二（せいの・えいじ）

1967年生まれ、広島県出身。中京大学卒業後の1990年からトヨタ自動車（現アルバルク東京）でセンターフォワードとして活躍した。1997年に引退。2012年から同チームの部長、2015年７月からアンテロープスの部長を務めたあと、2021年６月にWリーグ専務理事の座についた。

チームによる選手の管理を変える

2015－2016シーズン、私はトヨタ自動車の男子バスケットボール部（現アルバルク東京）から女子バスケットボール部のアンテロープスに部長として移ってきました。女子チームをどのように築けばいいのか、迷うところが多くありましたが、同じ時期にチームに加入してくれた、女子チームをよく知る田邊広子総括に教えてもらいながら、男子との違いなどをよく話し合いました。

チームの活動を見ていく中で、女子はチームに管理されているように感じました。高校や大学を卒業した選手は寮にまず入り、そのまま一定の年齢まで寮生活。寮の門限は22時で、食事は絶対にこの時間に食べなさい、両親が来ていても食事は寮で食べなさいといった習慣がまだ残っていました。

プロ意識の高い大神《おおが》雄子（現アシスタントコーチ）がちょうど移籍してきた時期でした。ヘッドコーチがドナルド・ベック（現・熊本ヴォルターズヘッドコーチ）に替わり、ベテラン選手たちは変化を求めていました。そこで、そうした管理を少しずつなくそうと変えていきました。選手自身がもっと自己管理するべきだと考えたわけです。

そのときから6年が経過し、現在は寮に入っても入らなくてもかまいません。食事に関しても、寮で食べても外で食べてもかまいません。ただし、管理しない代わりに、しっかりとしたパフォーマンスができなければ、チームを離れるしかありません。そうした文化を整えていったのです。

日本のバスケットに精通している方であれば、いや、東京2020オリンピックを見た方であれば、女子のほうが〝世界〟に近いと感じたでしょう。その要因として、徹底した管理があるからと思ったかもしれません。しかし、「管理があるから強いチームになっている」という考え方は、すでに過去のものだと思います。時代は変わり、その時代に合わせていかなければいけないのです。

確かに昔は、チームで決められた動きを徹底的に覚え、シュートは決められた選手が打ちなさいといった、システム的なところがかなりありました。主力メンバーが自チームの動きを覚え、控えメンバーは対戦相手の動きを覚える。そして、控えメンバーは主力メンバーに対戦相手の動きを体感させてあげなさいといった感じでやっていたと思います。

そうした手法がチームを強くするやり方と信じられていたのかもしれませんが、それだと、選手としては続きません。続けられる選手ももちろんいましたが、だんだんと疲弊していきました。特に女子の場合は、チームの主力や日本代表に選ばれて活躍していた選手さえもが、次のシーズンにいきなりやめてしまうことがありました。

全員が管理に耐えられなくなってやめたのだとは言いませんが、そうしたことも理由の一つとしてあったと思います。チームによる選手の管理、その部分を変えなければ、これからの時代を乗り越えられないと考えた私は、田邊総括と共にアンテロープスの改革に乗り出しました。

「楽しくやりながら、やるときはやる」

一般的に、日本の女子アスリートは「指導者に言われたことを徹底的にまじめにやるところがいい」と思われています。しかし、逆に「自由にやってごらん」と言うとできません。一握りの選手は自らの考えで動けますが、そういう選手をもっともっと増やさなければいけないのです。

かつては「笑うな」、「対戦チームの選手と話をするな」などと言われていました。また、「この試合に負けたら、帰って練習させられる」といった悲壮感を漂わせながら頑張っているようなところがありました。しかし、いまの時代はスポーツを純粋に楽しんだ上で成績を残すようにしなければいけません。そうでないと、日本のスポーツ界の未来は明るいものにならないのではないでしょうか。２０１９－２０２０シーズン、女子スペイン代表のヘッドコーチを務めるルーカス・モンデーロがアンテロープスのヘッドコーチとして来てくれたのですが、彼にはその考えを伝えました。

日本のよさは言われたことをきちんとやるところであり、スペインのよさは自由にやれるところです。両者のよさを組み合わせ、チームで守るべきところは守り、自由にやるところは自由にやるのがベスト。ゲームでは相手がいるので、自分たちの思い通りにはなりません。これからの選手には、そういうときに、いかに自分で考えて打破するかが求められると思います。ルーカスの下、新しいバスケットで、楽しくやりながら、やるときはやるチームをつくってほしいと、彼にお願いしました。

ただし、それを女子バスケット界のスタンダードにしていくためには、強いチームでなければいけません。自分たちの価値をしっかりと高めた上で、選手たちの個性やキャラクターをより多くの人に知ってもらう必要があります。

テレビ、新聞、ラジオ、雑誌などで取り上げてもらえれば、多くの人が見たり聞いたりするでしょう。しかし現実は、そうしたいわゆるマスコミが女子バスケットに来ることはまだまだ少ないのです。だとすれば、いまの時代にはＳＮＳがあるので、「アンテロープスはこういうチーム」というところをどんどん発信していこうと考えました。

アンテロープスのＳＮＳ発信が多いのはそういう理由です。プレーだけでなく、選手それぞれが持つ個性も知ってもらうことで、「このチームを応援したい」と多くの人に思ってほしいと考えたわけです。

この方針を受けて実際に情報発信を手がけているのはマネージャーの坂上祐加です。日々のＳＮＳ投稿のほか、試合ごとのハイライト動画も作成する彼女は、マネージャー業の一環としてのこの重要な役割を一手に担っています。選手に近い立場を生かして、さまざまな工夫をこらした数々の投稿。それは私の想像をはるかに超える仕事ぶりでした。

注目されれば、選手個人の価値が高まります。バスケットをやっている期間はせいぜ

2019－2020シーズン、チームはモンデーロヘッドコーチの下で『新しいバスケット』がスタートした

い10年くらいで、彼女たちの人生のわずか一部でしかありません。しかし、その時期にさまざまな活動をし、さまざまな人とつながりを持つことは、将来の人生においてきっと役に立ちますし、そうなってほしいと思います。

あこがれてもらえるようになる

個々の価値を高め、同じWリーグだけでなく、小学生、中学生、高校生、大学生からも「こうなりたい」とあこがれてもらえるようになることが、日本の女子バスケット界を引っ張るアンテロープスの使命だと思っています。

近年は三好南穂、長岡萌映子、馬瓜エブリン、河村美幸らが移籍で加わり、また有能な新人選手が毎年加入したので、「トヨタにはいい選手がいるから行きたくない。ゲームに出られなくなるから」と誘っても断られるケースがいくつかありました。

そういう過去がある中で、このオフは、選手の陣容が充実しているにもかかわらず、川井麻衣、宮下希保、梅木千夏といった、Wリーグでトップクラスの選手たちが来てくれることになりました。「なぜ、トヨタに来ることを決断したのか？」と彼女たちに聞いたところ、「成長したいから」との答えが返ってきました。「このチームだったら、日頃から日本代表クラスの選手たちと切磋琢磨することができるので、その状況にチャレンジするために移籍を決断しました」と言ってくれました。あこがれのチームになり、そこに加わることで選手が成長してくれれば、よりよいチームができるのではないかと感じています。

選手、コーチ、スタッフそれぞれがステップアップする

今回、アンテロープスがWリーグで優勝できた一因として挙げられるのは、我々「フロント」、ルーカスら現場の「コーチ」、そして、ストレングスコーチやトレーナーといった「スタッフ」間に深いコミュニケーションがあったことだと思います。

ヘッドコーチのルーカスとアソシエイトヘッドコーチのイヴァン・トリノスはスペイン人です。操る言語が我々とは異なるので、彼らとのコミュニケーションが大事になる

と思っていました。

ちょっとした会話であっても、それぞれの言語で話すのと通訳を介して話すのとでは、伝わり方が異なります。私自身はそれをあまり気にしていませんが、元ヘッドコーチのドナルドを含めた外国籍の人たちにとっては、日本人が何を考え、何を言っているのかが分からないところがあります。そして、それが心配や不安の種となり、自分だけが取り残されている感覚を必ずと言っていいほど持つのです。

それでも彼らはヘッドコーチなので、全体を見たいとの思いがあります。ですから、我々としては「いろいろと言ってきてほしい」と求めるなど、さまざまなアプローチで逆に聞き出すようにしました。スタッフに対しても、同じようなリクエストをしました。お互いが交流を深める必要があったからです。

多くの日本人の場合、「ヘッドコーチにこういうことを言うのはどうなのか」と、つい遠慮してしまいます。言いたいことを言えないところがあるわけです。そこを改善していこうと考えました。

2人のスペイン人コーチは世界レベルなので、「こういうところがダメなんだ」とズバリと言いますが、ストレングスコーチの千葉秀哉《ひでや》にしても、仲村愛と三村舞の両トレーナーにしても、彼らにしっかりとアジャストしてきているように思います。

彼ら３人は、チームが契約する株式会社ＦＯＣＳから送られてきたアンテロープス専属のスタッフで、選手の体周りのことについては、すべて面倒を見てもらっています。彼らストレングスコーチとトレーナーの連携がうまくいっていることも、優勝に大きく寄与したと思っています。

同じ会社の３人が連携しているので、コミュニケーションがとれていますし、ＦＯＣＳの社長で、バスケット界では有名なストレングスコーチである北本文男氏が、彼らの舵をうまくとってくれています。

トップのチームをつくる上では、選手の成長はもちろん必要ですが、同時に若いコーチやスタッフの成長も大切になります。それがあってこそ優勝できるのではないかと思います。千葉も仲村も三村も成長していると感じます。

詳しい話は彼ら自身の章に譲りますが、２０２０－２０２１シーズンのアンテロープスは継続して試合に出られないほどの大きなケガをした選手は出ませんでした。プレーヤーですから、多少のケガはありました。しかし、Ｗリーグのファイナルに関しては、15人全員がいつでも試合に出られる状態でした。

チームが求める理想の関係

フロント、コーチ、スタッフの
深いコミュニケーションで
選手をサポートする

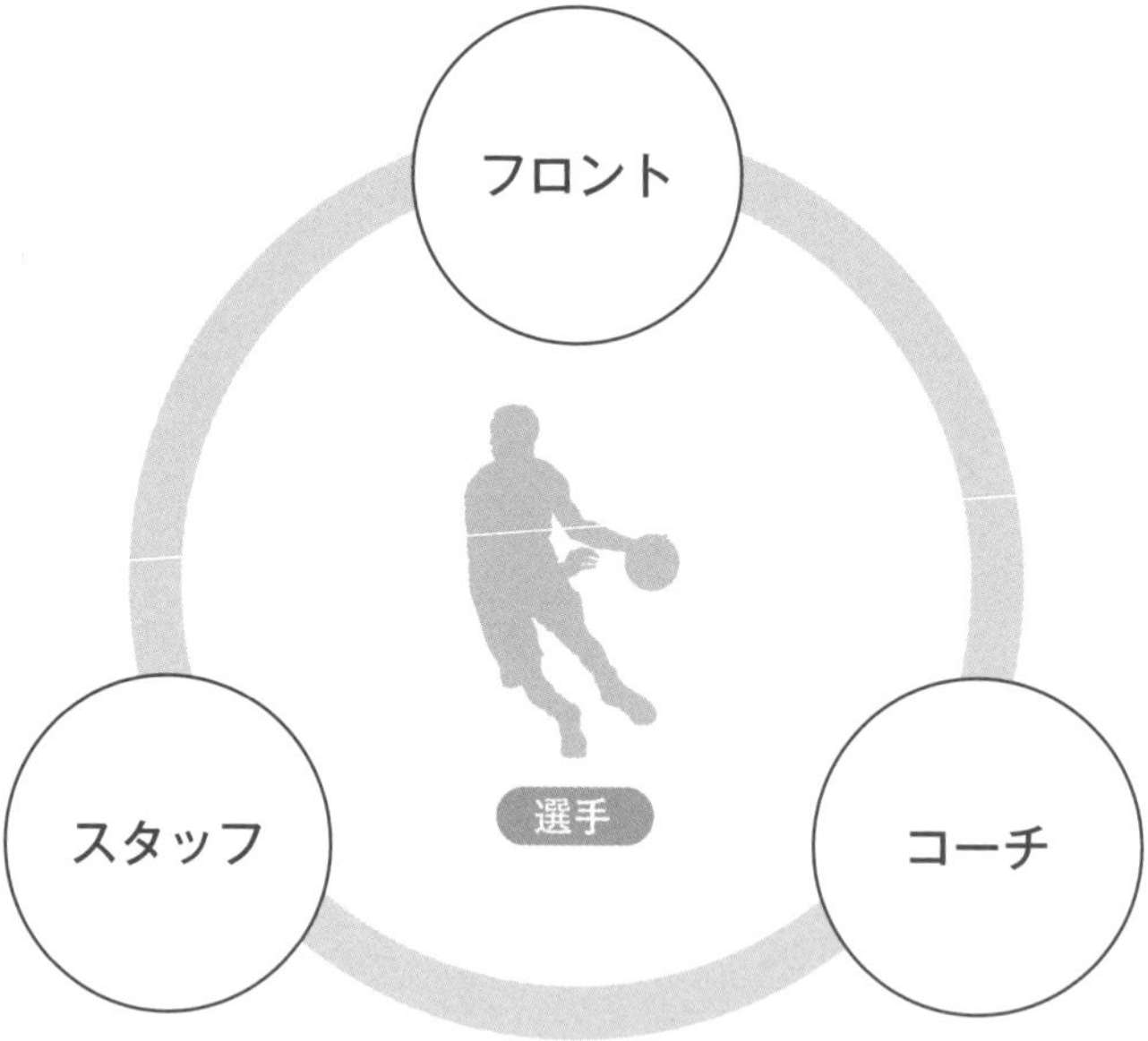

アンテロープスがしっかりとした事前の準備によって、みんなが試合に出られる状態になっていたのは、ストレングスコーチおよびトレーナー陣の成果だと思っています。

そうしたコンディショニングもまた、「勝負」において、重要な要素になります。相手にはケガ人がいましたが、私たちは万全の状態で臨めたのです。そういう意味で、今回の初優勝は、選手、コーチ、スタッフそれぞれがステップアップし、さまざまな考えを共有して戦った結果だと思います。やはり、勝つチームはみんなが成長していくチームでなければいけません。現状維持で仕事をしていてはダメだと思うのです。

それぞれが成長したいという姿勢を見せることで、周囲の人間もまた、成長したいと思うでしょう。アンテロープスをそういうチームにしたいと考えていた私としては、その視点からも意味のある優勝だったと自負しています。

若い日本人コーチを育てたい

コミュニケーションの点で言えば、ヘッドコーチは日本人のほうがいいと思います。

しかし、いまのWリーグのヘッドコーチを見ると、60歳以上の方が何人もいます。70歳以上の方もいます。彼らベテランのコーチが悪いという意味ではありません。若い人材がいないことを危惧しているのです。女子を指導する若いコーチを育てなければいけない、そう考えています。

B.LEAGUEが開幕する前年、当時アルバルクの部長だった私は伊藤拓摩氏（現・長崎ヴェルカ　ゼネラルマネージャー兼ヘッドコーチ）をヘッドコーチに抜擢しました。彼は当時33歳くらいでしたが、そういう若い人にチャンスを与えたいと、いまも考えています。

若い人たちは、コーチとしての経験を積み上げなければいけませんが、そのためにはどこで学ぶかを考える必要があります。海外に留学する方法もあるかもしれません。しかし、世界トップクラスのコーチを日本に呼ぶことができれば、それこそ毎日留学しているようなものでしょう。

若いコーチたち、アンテロープスで言えば、大神と小笠原真人の両アシスタントコーチは、さまざまな知識を持つ外国人コーチの下で世界のバスケットに触れて学ぶことによって、成長していけると思います。そして数年後、それはアンテロープスでなくてもかまいませんが、大神や小笠原がヘッドコーチになってくれればいいのです。また、その姿をほかのチームが見て、「こんな若いコーチでもできるんだな。それなら、ウチも若いコーチでやっていきたい」と思うようになれば、女子バスケット界の日本人コーチのレベルが上がっていきます。

若い人たちがチャンスをもらえるようになることで、「日本人コーチがいい」というところに最終的にたどりつくのではないでしょうか。いまはそれまでの準備期間だと考えています。

ルーカスたちの招聘については、その時点でアンテロープスが勝つためという理由も、もちろんありました。彼らがどんなバスケットをするのか、その点にも興味がありました。しかし、若い日本人コーチを育てたいというのが、彼らを呼んだ一番の理由でした。

「部長がどれだけの思いを込めてチームに関わるか」

アンテロープスが優勝するまでは、ENEOSが12年間（そのうちの1回は新型コロナウイルスの影響でプレーオフが中止になったため、実際には11シーズン）も勝ち続けていました。しかし、それに対して憤るような思いはありませんでした。むしろ、彼女たちを破らなければいけないと常に思っていました。

強いチームをつくるには、私たちのような部長がどれだけの思いを込めてチームに関わるかがカギになると思います。本当に強いチームになるには、実はその部分が最も重要であり、そのポジションが最終的な勝敗にすごく影響してくると思うのです。一方で、スポーツ部の部長は日の当たらないポジションなので、誰もそんな風には考えないものです。

いい選手といいコーチがいたら勝てるでしょうと思うのかもしれませんが、私はそうではないと考えます。日本一になったチームの部長の矜持として、それは伝えておきたいところです。

「会社に話しているけど、動いてくれない」との話を聞きますが、それこそ部長の才覚で動いてくれることがあるのではないかと思います。部長になる前の私は、会社側の人間として、アルバルクを長らくサポートしていました。実はアルバルクの部長は3年くらいしか務めていません。それ以前は、アルバルクをサポートする事務局で10年くらい仕事をしていました。ですから、会社側の考え方を理解し、こうすれば会社は納得する、会社を説得できるというノウハウをずっと持っていました。

世界的なヘッドコーチであるルーカスを呼ぶ際は、ここまでは会社に言うべき、ここまでは自分で考えるべきといった具合に、判断を使い分けました。その境界線が分かっていたからこそ、うまくやれる、会社を納得させられるとの思いが自分の中にありました。

熱を持ったフロントが増えないと、強いチームはできません。

「はじめに」でも記しましたが、私は２０２１－２０２２シーズンからＷリーグの専務理事になりました。この職務では、アルバルクとアンテロープスの部長時代に築いたノウハウなどを積極的に開示したいと思っています。それと同時に、Ｗリーグは企業チームが多いので、会社側の人たちとも話をし、各チームの会社の方針を聞いてみたいと考えています。

私は会社側の立場にもいたので、彼らの考えや気持ちが分かります。ですから、そうしたアプローチもしていきたいなと。部長が熱いものを持っているとしても、そのチームを本当に勝たせたいかについては、会社としての方針が関係してきます。そういった部分も聞いた上で、やれることをやりたいなと考えています。

現状打破の考えで大きく変わる

部長の仕事としては、チーム運営に関する資金確保のための会社との交渉や、選手確保のために行ういわゆる人事などがあります。しかしチームをつくるにあたっては、短期的なそれらだけではなく、中長期的なことも考えなければいけません。

現状維持に満足して、問題が起こってから解決するのではなく、日々改善、日々成長することで前に進んでいくのです。

少し大げさに言えば、そうした現状を打破しようと考え続けたことが、2020-2021シーズンのアンテロープス優勝につながったと思います。他チームもその点について本気になって取り組めば、Wリーグ全体のレベルはまだまだ上がります。日本の女子バスケット界そのものも大きく変わると信じています。

ⓒ TOYOTA Antelopes

日々改善、日々成長し続けるチームを支えるコーチングスタッフ

© W LEAGUE

© W LEAGUE

© W LEAGUE

© W LEAGUE

トヨタ
70
5
NAGAO
TOYOTA

プレイバック

スタッフや選手の多くが、一つのターニングポイントに挙げる皇后杯の決勝。この敗戦でチームは大きく生まれ変わった。ENEOSとの一戦を改めて振り返る。

第87回皇后杯全日本バスケットボール選手権大会 決勝
（2020年12月20日）

トヨタ自動車アンテロープス 80 － 87 ENEOSサンフラワーズ

©JBA

大黒柱の渡嘉敷来夢を欠くENEOSに対し、アンテロープスは、強度の高いディフェンスと3ポイントシュートを武器に、序盤からリードを奪った。前半を47－41と6点差で折り返し、後半に入ってからも、反撃に耐えながら、粘り強い戦いを見せた。しかし、第3クォーターの残り5秒で逆転されると、プレーの強度をそこから引き上げることができなかった。最終結果は80－87。勝てば8シーズンぶりの獲得だった皇后杯のタイトルを惜しくも逃した。

© TOYOTA Antelopes

歴史を変えた
選手たちの声

Vol.1

三好南穂

（みよし・なほ）

1993年生まれ、千葉県出身。桜花学園高校卒業後の2012年にシャンソン化粧品に加入し、2014年に日本代表に初選出された。2016年のリオデジャネイロ、2021年の東京とオリンピック2大会に出場し、東京では銀メダルを獲得した。2017年からアンテロープスでプレーし、その翌シーズンからWリーグ優勝時までキャプテンを務めた。

能力の高い選手たちが「目を合わせよう」と話し合った

これまでのアンテロープスは、能力の高い選手が多い分、どうしても「自分、自分」になり、チームよりも「自分さえよければいいや」というようなところがどこかにありました。その典型が皇后杯決勝での逆転負けです。前半をリード（47－41）して折り返しながら、後半に入って自分たちの流れが悪くなると、みんなの目と目が合いませんでした。何を言ってもお互いに聞き入れていない感じがあったのです。

敗戦後、ホテルで夕食をとっているときに、同席していたソウさん（栗原三佳）や（馬瓜）エブリンと「私たち、コート内で目が合わないよね」という話になりました。そのため、Wリーグの後半戦に入ってからのミーティングで、「悪い流れになったときこそ目を合わせよう」と話し合いました。

そこからはみんながお互いに意識を向けるようになりました。そして、自然にそれができるようになったのがリーグ戦の終盤くらいだったと思います。チームとして、お互いがお互いのいいところを尊重し合えるようになったことが、優勝につながったのかなと感じます。

もちろん、「目を合わせよう」といきなり決めても、簡単には受け入れられませんし、むしろできないまま終わることが多々あります。そこは徹底的に話し合いました。

Wリーグでプレーする選手は、いい意味で

も悪い意味でも我の強いタイプが多いので、正しいことを伝えても聞いてもらえないのではないかと考える選手がいるようです。幸いにも、私自身は、どんな選手に対しても言いたいことを言えるタイプ。それに、聞いてもらえないのではないかと思われている選手であっても、きちんと話せば、きちんと聞いてくれるものです。ありきたりですが、その選手が聞き入れやすい状況、例えば、みんなの前で言ったほうがいいのか、それとも個別で話したほうがいいのか、その使い分けはしました。

そういう話はこれまでもしてきたつもりですが、皇后杯決勝の敗戦が悔しく、それが本当の意味で変わるきっかけになりました。正直なことを言うと、それまではWリーグであれ、皇后杯であれ、決勝で負けても、決勝に行けたことにどこか満足している自分たちがいました。しかし、2020－2021シーズンの皇后杯に関しては、誰もが「悔しい」、「勝ちたかった」との思いを強く抱いたのです。チャンスがあった中でも勝てなかったことが、自分たちの弱さを変えるきっかけになったのかもしれません。

「自己管理」による価値ある優勝

私は2017－2018シーズンにアンテロープスに移籍してきました。多くのチームは日常生活にもさまざまなルールが設けられていて、当時は大変だなと思うことがありました。アンテロープスに来たときに、「なんでも自己責任ですよ」と言われたのですが、実はそっちのほうが厳しいな、怖いなと感じました。

2020年に新型コロナウイルスが流行して以降、その感染が世界的に拡大する中で、アンテロープスでも感染防止のルールが決められました。感染者を出さないための外食禁止といったルールです。ただし、それ以前は特にこれといった決まりはなく、「自分で考えて行動しなさい」とのことでした。ニュースなどを通じて、新型コロナウイルスの状況は分かっていました。それこそ、自分の行動一つでいろいろと変わってくるので、チームが求める「自己管理」はむしろ厳しいことだなと思っていました。

私はもともと、怒られないようにリスク管理をするタイプで、攻めるような行動はしません。特にキャプテンになってからは周りの選手たちが私を見てくるので、「自分は悪いことをしてはいけない。律しなければいけない。みんなの手本にならなければいけない」と勝手に考えていました。

実際にはそれほど強く意識していたつもりはなかったのですが、2021-2022シーズンになってキャプテンから外れたことによって、気持ちがすごく楽になったといいますか、逆にキャプテン時代は強く意識していたのだと気づきました。

それに、みんながちょくちょくいろいろなことを聞いてくるのです。選手とはいえ、まだ10代や20代前半の子たちにしてみれば、判断がつきにくいところがあったのでしょう。例えば「美容室に行ってもいいかな？」だったり、緊急事態宣言が発出された直後くらいだと「食事に行く予定があったんだけど、行ってもいいかな?」だったり、そんな感じのことです。私は「美容室くらいなら行ってもいいんじゃない?」、「食事はやめておいたほうがいいと思うよ」といったアドバイスをし、ギリギリの線で留まるようにしていました。

そうした自己管理の文化は、日本の企業チームにはなかなかありません。しかし、トヨタ自動車は、新しい風を常に入れたい会社といいますか、新しいものを取り入れたいという意識が高い会社であり、バスケットボール部もそうした考え方になっています。日本には厳しく管理しないと勝てないみたいな風潮がありますが、その中で自分たちが優勝したのは価値があることかなと思います。

選手が提言できるような空気も優勝につながった

ルーカス・モンデーロヘッドコーチは、ヘッドコーチとしての自分の信念をもちろん持っているでしょうし、戦略や戦術面で変えたくないところがあると思います。それでも、プレーしている私たちが「このディフェンスの守り方は厳しい」と思えば、それをルーカスに伝えることはできます。その意見を聞き入れるかどうかはルーカスが決めることですが、選手が提言できるような空気があります。

移籍1年目はドナルド・ベックさんがヘッドコーチで、シンさん（大神雄子アシスタントコーチ）がキャプテンとしてベックさんにいろいろと言っていました。意見が言えるそうした空気を感じたのはアンテロープスが初めてかもしれません。

チーム内の風通しのよさは大事なことだと思います。コミュニケーションをとれなくなったら終わりです。シーズンを通して考えると、しゃべりたくないときやイライラしているときは、もちろんあります。しかし、そんなときでもみんなが自分の意見をしっかりと言えるのが、いまのアンテロープスです。

例えば、遅い時間帯に試合が組まれている日の当日練習が朝からある場合は、「朝は休んで、もう少し遅い、昼に近い時間帯に練習したい」という意見が選手から出たりします。私がルーカスにそう話すと、「それを伝えてくれるのはいいことだ」と返してくれます。選手たちが感じる細かい点を言えるような雰囲気づくりをしてくれたことも、優勝につながったのかなと思います。

相手に絶対に負けたくない雰囲気が練習から出ている

アンテロープスは試合中にベンチが楽しそうにしているので、どこかふざけているように周囲には映るようです。「あんなにふざけているようなチームに負けたくない」と思われたり、実際にそう言われたりしていると聞いたことがあります。多くの人が見るのは、どうしても、試合やSNSで楽しそうにやっているところばかりになるので、緩く感じてしまうのでしょう。

しかし、実際には練習がすごく厳しいのです。能力の高い選手が多く、試合当日になららないと、誰がスタートになるか分かりません。当然、試合にどれくらい出られるかも分かりません。そうした状況の中で、お互いが練習で常にバチバチやり合っています。私たちは優勝するだけの練習をしてきたと自負しています。

ゲーム形式の練習では、同じポジションの人とジャンケンをしてチーム分けを行います。多くのチームは、主力チームと控えチームで試合をすると思うのですが、アンテロープスはそうしたやり方ではなく、ジャンケンの勝ち組と負け組で、その日の5対5のメンバーが決まります。

例えば、モエコ（長岡萌映子）、エブリン、レン（安間志織）が同じチームで、私が別のチームだとすると、だからこそ負けたくないですし、相手のほうが強いとは思わせたくないという気持ちになります。負けても仕方がないとは、まったく思いません。負けん気の強い子たちばかりなので、そういう感じはみんなにもあると思います。

審判を務めてくれるシンさんやオガさん（小笠原真人アシスタントコーチ）にしてみれば、いい迷惑だと思うのですが、ジャッジに対して本当にうるさいです。自分たちにとって思わぬ判定をされると、「なんで!?」とめちゃくちゃ強く言います。

ルーカスもルーカスで、ゲームをおもしろくするために、ファウルではないところであえてファウルと言ったりします。すると、自分たちはめちゃくちゃ反抗します。相手に絶対に負けたくないという雰囲気が練習の5対

5から出ているのです。

「その場で常にすべてを出し切りなさい」

2020-2021シーズンはルーカスがヘッドコーチになって2年目でしたが、私としてはディフェンスがよくなった、チームとしてのディフェンスが進化したと感じました。難しいローテーションの回り方や普通では考えられない回り方がありましたが、それはアソシエイトヘッドコーチのイヴァン・トリノスさんがヘッドコーチを務めていたときから築き上げてきたものです。それが整理され、私たちが理解できるようになってきたのです。

根本となるチームルールがある一方で、コートにいる選手たちがそのときの流れを読んだ上で、お互いにコミュニケーションをとって守ることもあります。プレーオフに入った頃には、自分たちのディフェンスが強くなったなと感じていました。戦術的な勝因を話せば、私はディフェンスにあると思っています。

戦術以外のところで言うと、フィジカルやコンディショニングの面も優勝に大きく関係しました。シーズンの練習参加率が99％くらいだと聞きました。ケガをしないチームをつくるのも実力のうちですし、戦略づくりに欠かせないことの一つです。

フィジカル面は、ストレングスコーチの千葉（秀哉）さんがシーズンを通して計画を立ててくれました。私たちは、プリントアウトされた表を見れば、いま何をすべきかが分かります。

アンテロープスの選手たちは個性が本当に

強く、トレーニングがきつくなると、「なんで、こんなにきついの?」みたいなことを平気で叫んだりします。そんなときでも、いまは「心肺機能を上げる時期」、「筋肉をつける時期」と表に明記してあるので、しっかりと理解して取り組むことができました。

また、さまざまな指標を数字で見られたところも大きかったと思います。NBAなどで活用されている「キネクソン」というトラッキング&パフォーマンスデータ取得計測サービスをシーズンの途中から取り入れ、誰がどれくらいの高強度で走っているか、どれだけジャンプしているかといった数字が一目で分かるようになりました。足りないところがあればトレーニングで補強するなど、目に見えて分かるという意味でおもしろいなと感じました。

ストレングスコーチが2年前から千葉さんになり、高強度の数字などを表に出してくれるようになりました。ストレングスコーチの経験則だけに基づいて、感覚的にやらされていたとしたら、ただでさえ厳しいトレーニングに対して、さらに不満が募り、たとえ同じメニューであっても、きちんとは受け入れられなかったでしょう。数字として見えることで、選手自身が理解し、納得してトレーニングに取り組めたのです。これは大きかったと思います。

ルーカスは、選手の調子がどこかちょっと悪かったら、練習させません。根性論といいますか、痛くてもやってしまうチームがあると思いますが、ルーカスはやらせません。

100%で練習できないなら、やらせないのです。

そもそも、100%でプレーできない選手が入れるような練習ではありません。「その場で常にすべてを出し切りなさい、自主練習に長い時間をかけるのではなく、チーム練習で常に100%の力を出し切りなさい」、それがルーカスの考え方です。ですから、ダラダラやることはありません。集中して練習し、ケアの時間をしっかりつくること。これもケガ人が少なかった一因なのかなと思います。

信頼関係の構築が優勝に結びついた

うがった見方をすると、「100%でできないなら、練習させない」と言えば、いわゆるズル休みが横行するのではないかと思うかもしれません。しかし、アンテロープスの場合、練習に出られなければアピールの場が一つ減り、ゲームに出られなくなります。ですから、自ら休もうとする選手はいません。ただし、トレーナーが見て、患部が明らかに腫れていたり、いい状態ではなかったりするときは、トレーナーからルーカスに状況が伝わります。そして、当然休まされます。

そうなると今度は、チームメイトに後《おく》れをとりたくないとの理由から、「痛いけど、練習したい」という選手が出てきますが、そこでは、トレーナーの（仲村）愛さんたちが長年の経験で判断を下します。選手が「やりたい」といくら言ったとしても、トレーナーが選手としっかりと話した上で、やらないほうがいいと判断すれば、やらせません。

私たちは、2人のトレーナーには本当のことを伝えます。痛いのに嘘をつき、痛いと言わずにやってしまう考えもあるかもしれませんが、そこは信頼関係といいますか、トレーナーにしっかりと伝えているからこそ、大きなケガにならない、そう信じています。

彼女たちに体のケアをしてもらうと、実際に体が軽くなっている感じがしますし、コミュニケーションをしっかりととってくれるので、私たちの気持ちを分かってくれます。プレーしたいという気持ちを理解した上で、体の状態を見ながら、適切な判断をしてくれるのです。だからこそ、よりよい信頼関係が築かれているのだと思います。選手、コーチ、トレーナーやストレングスコーチといったスタッフが、信頼関係をそれぞれ築き、そして、ルーカスのバスケットを遂行したことが優勝につながったのでしょう。

大きなケガ人が出なければ、強度の高い練習ができます。ルーカスは100%で練習することを求め、チームは自然とレベルアップしていきました。土日の試合を終えたあと、「今週は練習のほうがきつかったよね」と選手同士で言い合うことがあったほどです。

2021－2022シーズンも目指すのは優勝ですが、前回優勝したからといってかまえるのではなく、アンテロープスらしく、楽しく、自分たちのバスケットを体現していきたいと思います。

歴史を変えた選手たちの声 Vol.2

栗原三佳（くりはら・みか）

© W LEAGUE

1989年生まれ、大阪府出身。大阪薫英女学院高校から大阪人間科学大学を経て、2012年にアンテロープスの一員になった。加入後、ガードからフォワードに転向し、1年目から皇后杯優勝に貢献した。日本代表としても活躍し、2016年リオデジャネイロ・オリンピックなどに出場。2020-2021シーズン限りで引退した。

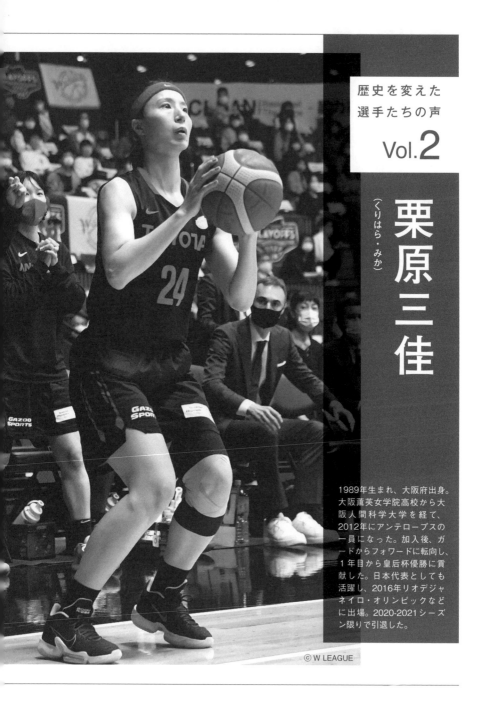

冷静になるところと熱くなるところ

アンテロープスに加入し、9シーズンを過ごしました。Wリーグでの優勝はチームの悲願でしたが、個人的には現役最後となった2020-2021シーズンにそれを達成できてよかったです。すごくうれしかったですし、追いかけてきたものにやっと手が届いた感じでした。先輩やOGの方々にも、この優勝を喜んでもらえたのではないかなと思います。

選手たちがメンタル的に成長できたことが勝因だと思います。いまの子たちは昔と違って運動能力の高い選手が多いのですが、必ずしも全員が常勝チームにいたわけではありません。バスケットは個の能力だけでは勝てないものなのです。チームとしての勝ち方に気づけたことが大きかったのではないでしょうか。

それは、プレーのことだけではありません。プレーだけで言えば、アンテロープスの選手たちは能力が高いので、教えられればできます。理解度も速いと思います。

ただし、自分たちができても、試合では相手がいますし、プレーは相手との戦いになってきます。そのときそのときの状況を正確に判断していくのがバスケットボールです。試合の中でのメンタル、ベンチメンバーを含め、冷静になるところと熱くなるところの境目がしっかりと判断できたことが、優勝につながったのではないかと思います。

出ているメンバーだけで勝てるものではない

振り返ると、ヘッドコーチやメンバー構成は年々変わりました。私がルーキーだった2012-2013シーズンはメンバー構成がよく、チームとしてでき上がっている状態でした。ただし、当時はファイナルを何度も経験している先輩たちが突出していただけで、ベンチメンバーを合わせた総合力は今回の優勝メンバーのほうが高いです。今回の優勝メンバーは、いつ、誰が試合に出るか分からない拮抗した状態でしたが、当時は全員が試合に出られるレベルではなかったように感じます。それでも皇后杯で優勝できたのは、「チームのために」との思いが一番強かったからでしょう。

試合は、出ているメンバーだけで勝てるものではありません。試合に出られなくても貢献度が大きかったりするものです。そういったことを理解するには時間がかかります。後藤敏博さんがヘッドコーチをしていたときは、選手たちの絆が強く、それぞれの仕事を確実に分かっていました。それぞれが貢献する場所を理解していたわけです。

試合に出て、体を動かして貢献する人がいた一方で、相手チームのことを研究し、試合に出るメンバーに練習させてくれる人もいたわけです。それらがあってこその皇后杯優勝でした。チームとしての出来がすごくよかったように思います。

そのメンバーがいなくなり、経験のあるべ

テラン選手が引退する中で、そういったことをどう伝えれば理解してもらえるか、私個人としてはすごく悩ましいシーズンが続きました。それが、結果を出すまでに時間がかかった一因でもあります。

Wリーグの世界は、それほど長くいられるところではなく、そうした点に気づけずにいる現役生活を終えた選手や移籍した選手がいます。だからこそ、試合に出るメンバーはそれを理解していなければいけないのですが、他チームから移籍してきた子たちにそれを分かってもらうのは本当に難しかったです。

特に近年は各チームのエース級の選手たちが集まってきていたので、分かりにくい部分もあったと思います。彼女たちは若く、すぐには理解できません。それに、移籍してきたからには、自分が結果を出さなければならないという思いが強かったはずです。そういうことではないのだと気づいてもらえるのに4年くらいかかったように思います。

もちろん、試合に出ているメンバーは心身ともにしんどく、彼女たちの状態を分かってあげられるサポートや控えメンバーの理解が必要です。ドナルド・ベックさんがヘッドコーチをしていたときはベテランの選手がまだいたので、若い選手を引き上げることができていました。でも、ベテランがいなくなってからは、そうしたことをやるのが私だけになったので、正直なところ、しんどかったです。

そして、そんな状態だと、能力の高いメンバーがいても勝てなくなります。調和がとれないといいますか、そういったところで苦労し、そこからやっと優勝までたどりつけたのが2020-2021シーズンだったというわけです。

お互いがより分かり合えるようになってきた

私自身はここ2、3年、サポート役に回り、経験を伝えることで信頼関係を築いていきました。それでも、目がどうしても行き届かないところがあります。特に試合に出られる能力があるのに出られない子を見たときには、感じるところが多くありました。

そういうときに、「試合に出られる力があるのに、どうして出られないのだろう?」と、試合に出ている選手がもがいている選手のことまで感じられるようになると、出られない選手のためにも頑張らなくてはいけないと思うはずです。「実力は認められているのに、どうして出られないの? 出られる力はあるはずなのに出られないのはしんどいよね。だったら、出られる自分が頑張らなければいけない」との責任感に変わっていくはずなのです。

試合に出ている選手たちもまた、もっとなんとかしようともがいていたことでしょう。「見た目には自分のことしか考えていないと思われがちだけど、実はそうではない」のだと、周りの人に分かってもらえるだけで、周りを見られるようになるものです。つまりは、余裕が生まれます。

2020-2021シーズンのチームは、いろいろなことを話す中で、お互いがより分かり合えるようになってきたのではないでしょうか。回りくどい表現かもしれませんが、私はそう感じていました。

サポート役に回ったと言いましたが、積極的にそこに仲介したわけではありません。チームが自然とつながれるようになったという感覚に近いでしょうか。ベテランの私が中心になったわけではなく、みんなが成長し、経験を重ねていったのです。

私はみんながまだ気づけていないところを伝えてきたつもりですし、責任を自覚してもらいたいという意味で促したこともあります。とにかく分かってほしいというのとは少し違います。こういうところを理解しなければいけない、こういう対応をしなければいけないといった部分を試合に出ているメンバーが分かるように、私はそれを暗に示すような、プラスアルファな立ち位置だったと思います。

間違ってほしくないのは、試合に出ているメンバーと出ていないメンバーが分裂していたわけではないことです。試合に出ていないメンバーはやはり試合に出たいものですが、試合にずっと出ているメンバーはそれになかなか気づきません。私としては、試合に出ている子たちが周りを見られるように促していたといった感覚です。

自己責任に舵を切り、考える部分で成長できた

チームとしては、数年前から、何事も自己管理にしましょうという文化になりました。しかし、自主性を持たせることでダメになる選手もいます。そこでダメにならなかったの

が、いまいる選手たちです。そういう意味では、チームの管理から自己管理に舵を切ったことはよかったと感じます。

表向きには、アンテロープスはすごく自由だと思われます。実のところ、自己責任の部分がすごく強くなっただけですが、自分を見つめる選手が多くなったのはいいことだと思います。自分で判断しなければいけないのは、プレーでも同じですから。自分の責任をきちんと果たさなければ、チームに貢献できませんし、日常生活で自分を管理できない選手は試合でもそれができません。

一方で、やらされているバスケットも、百歩譲れば、いいところがあるのです。能力がそれほど高くなく、自分ではうまくプレーできないような選手にとっては、管理されることで分かるようになる部分があります。

私たちはお金をもらってバスケットをしているので、そこは自覚しなければいけません。人として、社会人として。そういう意味でも、チームの文化が変わったことは本当によかったと思います。

少なくとも、2020-2021シーズンの優勝メンバーは自分のことは自分できちんとやろうとしていました。チームの考えとマッチしていたかどうかは分かりませんが、考える部分でだいぶ成長できたと感じます。やらされて「やりたくない」と言うのはわがままでしょう。そんなわがままに体力を消耗しなくなりました。その代わりに、自分で考えなければいけないという労力が加わりました。それがチームとしての大きな変化ですし、成長につながる要素だったように思います。

うまくなるだけではチームとして機能しない

2シーズン前から、アンテロープスはルーカス・モンデーロという、当時女子スペイン代表のヘッドコーチが就任したことで注目が集まりました。確かに彼が新しいことを取り入れた部分はありますが、選手としての根本的なあり方については教育されません。そんな教育をされなくても、彼の下でうまくはなるかもしれません。ただし、それだけではチームとして機能しません。

プレースタイルが変わりましたが、それだけでチームがよくなったわけではないと思います。勝敗は、そのときのバスケットスタイル、人間的な部分、チーム状況で変わるものです。苦しいところをどう乗り越えるかで違ってくるのではないでしょうか。私はそれなりに苦しいことを乗り越えてきています。そういったことを経験している人でなければ教えられないところだと思います。

もちろん、チームの雰囲気を悪くしたいわけではありませんが、自分の行動で変えることができます。見てもらって、変われるところがあるわけです。アンテロープスの伝統といいますか、自分が理想とするチームを目指して、この9年間頑張ってきました。それでチームがいい方向に向いてきていたら、よかったと思えます。

その場その場で対応できるようになった

ルーカスとイヴァン（・トリノスアソシエイトヘッドコーチ）によって、スペインのバスケットがチームに落としこまれたわけですが、アンテロープスに長年いた私にとっては、それまでとの違いが大きすぎて、うまく評価できません。ルーカスたちのバスケットは判断能力を問うものですが、それまでに培ってきたバスケットの応用力が問われるバスケットであり、「形」がなさすぎるのです。

一番大きな変化だと感じるのは、やることが多すぎて、頭の切り替えが必要だった点です。やることを細かく変えたりもするので、それに対応しなければいけません。頭を常にフル回転させる複雑な練習が結構ありました。

例えばゲーム形式の5対5をしているときに、突然、ボールが1個加わったりします。2個のボールで5対5をやるのです。あり得ないことですが、それにも対応しなければいけません。その点で言えば、実際の試合ではあり得ないような状況でも、求められれば、それに対応できるようになったと思います。

もちろん、考える間にやるしかないと腹をくくるところがありました。そうした気持ちの切り替えも頭の切り替えも、これまでに比べて上手になったと思います。

勝つためには、コンディショニングも重要な要素でした。それは、以前に比べると変わってきたように思います。例えば、ストレングスコーチとトレーナーとの連携がうまくいかないところがありましたが、いまのチームは、ストレングスコーチとトレーナーが協力し、文字通り、選手第一で考えてくれています。アプローチの仕方にしても、それまでは一人だけだったのが、３人体制になって、そこはチームが飛躍する上で大きかったと思います。

データを見て自分を知り、チームメイトを知る

どのチームも同じだと思いますが、試合に出ているメンバーは、大なり小なり、さまざまなケガを抱えているものです。それに対し、トレーナー陣は自らの身を削ってまでケアしてくれました。それでも、しんどいときはありました。そういう意味では鍛えられたと感じます。

トレーニングでは、いまはこうしなければいけないと、データを出してもらいました。データがないと、意思表示の強い選手たちは反発してしまうことが多いのです。「なんで、いまこれをやってんの？」、「なんで、これをやらなきゃいけないの？」といった感じです。それまでの経験から「いまはそういう時期じゃないよね」といった発言が出ますし、実際にそれをコーチにしっかりと伝えます。

それでも、ストレングスコーチやトレーナーは粘り強く聞いてくれますし、データをもとに、根拠に至るまでを論理的に教えてくれます。

彼らがデータと言葉で伝えてくれると、選手としては、やらなければ仕方がない、やらなければ勝てないと理解します。例えば、「こ

の数値をこのレベルまで上げれば、問題なく40分戦える」といったデータを出してもらうと、やる気が出ます。トレーニングの意図を理解できるので、取り組みに対して前向きになれます。

それでも、しんどいものはしんどいです。愚痴が出ます。「ホント、しんどい」、「ここまでやる必要ある?」といった言葉が出てきます。そんなしんどい時期に、それまでやったことがないような高いレベルのことをやらされるケースがありました。当然、選手たちは「なんで、いまこれをやってんの?」と反応します。

ただし、繰り返しになりますが、選手たちの納得度は、データを出してくれることで全然違ってきますし、「よくなっているよ」とデータで言われると、「頑張ろう!」と思えます。そういう意味では、いまの選手たちはとても素直です。

そうした素直さは自主性を育みます。例えば、きょうはこれだけ動いたから、そんな自分をほめてあげようといった感じになります。自分をほめるのは、自分で自分を認めてあげることなので、すごく大切です。

逆に、「きょうは疲れていて動けなかったな。でも、しょうがない、疲れていたんだもん」と切り替えることもできます。動けていなかったつもりでも、数値が想像以上によければ、「疲れていた割に動けたじゃん」とプラス思考になります。しっかり走れていたと、自信が生まれます。自覚していないかもしれませんが、データを知ることで余裕が出てくるのです。

アンテロープスでは、自分以外のほかの選手のデータも見ることができます。お互いがお互いの得意な分野や長所を知ることができるわけです。チームメイトのデータを見て、「あの人はここが得意なんだ。自分も負けていられない」と思うことがありました。「この選手は試合のときにこんなパフォーマンスを出せていた」といった指標が出ると、「すごいじゃん」とお互いにほめ合ったりもしました。

ほめ合うだけではありません。データを見ることで、チームメイトにも興味を持つようになります。他人の数値が分かっていると、「練習でそういうところを見ちゃうんだよね」とサン（三好南穂）が言っていました。データを出すのは目的のあるアプローチですが、別の視点からお互いを見られるのはいいと思います。

そのようにしてお互いを見て知れば、チームメイトのことをより理解しやすくなります。データを見て、「だから、あの子はこんなに走れるんだね」、「だから、練習のときからこんなに走っているんだ」と理解できるのです。お互いのことを理解できると、能力の高い子たちがより高い次元で競争し合えるようになります。

データ化によって、選手とコーチとスタッフが一つになれていた

データを出すメリットについては、まだ尽きません。データ化をきっかけにしてチーム

内のコミュニケーションが増えたように思います。それをネタにして、スタッフと話すことがよくあります。そういう意味で言えば、データのおかげで、スタッフに対する信頼度、特にトレーナー陣への信頼度が上がったのではないかと思います。

アプローチするところが具体的に分かってきましたし、数値に出ないところについても、自分が感じている部分を伝えると、さりげなく返ってきました。そうなると、信頼関係がより強くなり、体のことをより任せようと思えます。それはコンディションを整える上でとても重要なことなので、すごくいい環境だったと思います。

トレーナー陣としても、データを示すことで、「いまはこうだから」とヘッドコーチに対して話しやすかったと思います。

見た感覚だけで話すと、「いや、俺にはそう見えない」で終わってしまいますが、選手たちの疲労度や選手たちの感じているところをすべてアプリに入力して出していたので、そうはなりませんでした。トレーナー陣が数字を出して、見て、思っているところ、選手が思っているところをしっかりとヘッドコーチに話せるのは、すごくよかったです。

ルーカスのように自分を強く持っているヘッドコーチには、特に有効だったと思います。「自分がすべてをコントロールしたい。目に見えないところは自分の感覚でしかコントロールできない」というところにデータで説明があれば、納得できると思います。

「きょうはやらなければいけない」という日

が、もちろんあったと思います。「いまはこれを練習しておきたい」という考えもあったでしょう。その一方で、選手が疲れているならここを抜こう、最低限のこととしてここだけはやろうという判断が、データの説明によってできたと思います。

そう考えると、2020-2021シーズンは選手とコーチとスタッフが一つになれていた感じがあります。それぞれがそれぞれの役割をまっとうできたからこその優勝だと思います。

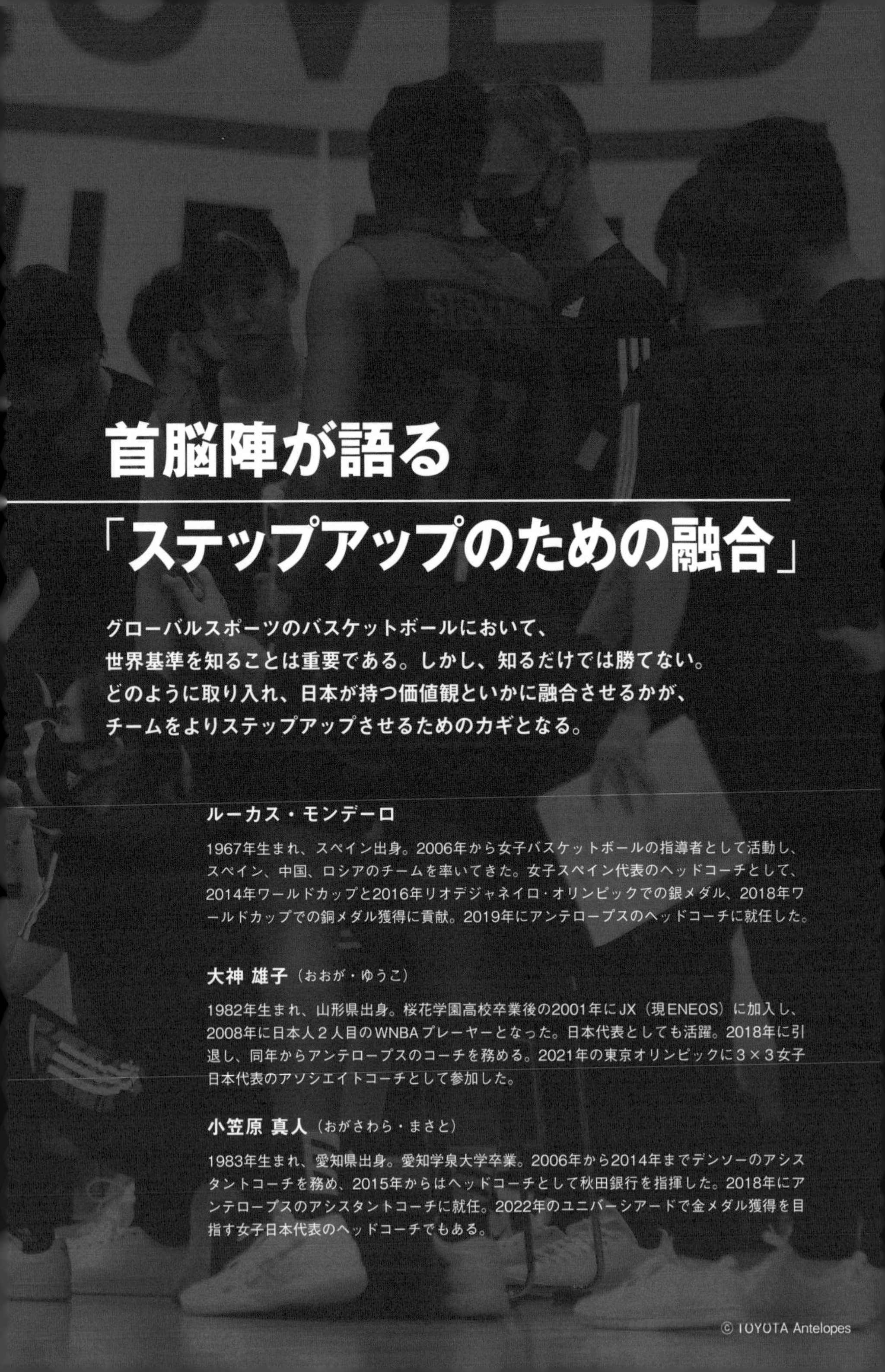

首脳陣が語る

「ステップアップのための融合」

グローバルスポーツのバスケットボールにおいて、
世界基準を知ることは重要である。しかし、知るだけでは勝てない。
どのように取り入れ、日本が持つ価値観といかに融合させるかが、
チームをよりステップアップさせるためのカギとなる。

ルーカス・モンデーロ

1967年生まれ、スペイン出身。2006年から女子バスケットボールの指導者として活動し、スペイン、中国、ロシアのチームを率いてきた。女子スペイン代表のヘッドコーチとして、2014年ワールドカップと2016年リオデジャネイロ・オリンピックでの銀メダル、2018年ワールドカップでの銅メダル獲得に貢献。2019年にアンテロープスのヘッドコーチに就任した。

大神 雄子（おおが・ゆうこ）

1982年生まれ、山形県出身。桜花学園高校卒業後の2001年にJX（現ENEOS）に加入し、2008年に日本人２人目のWNBAプレーヤーとなった。日本代表としても活躍。2018年に引退し、同年からアンテロープスのコーチを務める。2021年の東京オリンピックに３×３女子日本代表のアソシエイトコーチとして参加した。

小笠原 真人（おがさわら・まさと）

1983年生まれ、愛知県出身。愛知学泉大学卒業。2006年から2014年までデンソーのアシスタントコーチを務め、2015年からはヘッドコーチとして秋田銀行を指揮した。2018年にアンテロープスのアシスタントコーチに就任。2022年のユニバーシアードで金メダル獲得を目指す女子日本代表のヘッドコーチでもある。

© TOYOTA Antelopes

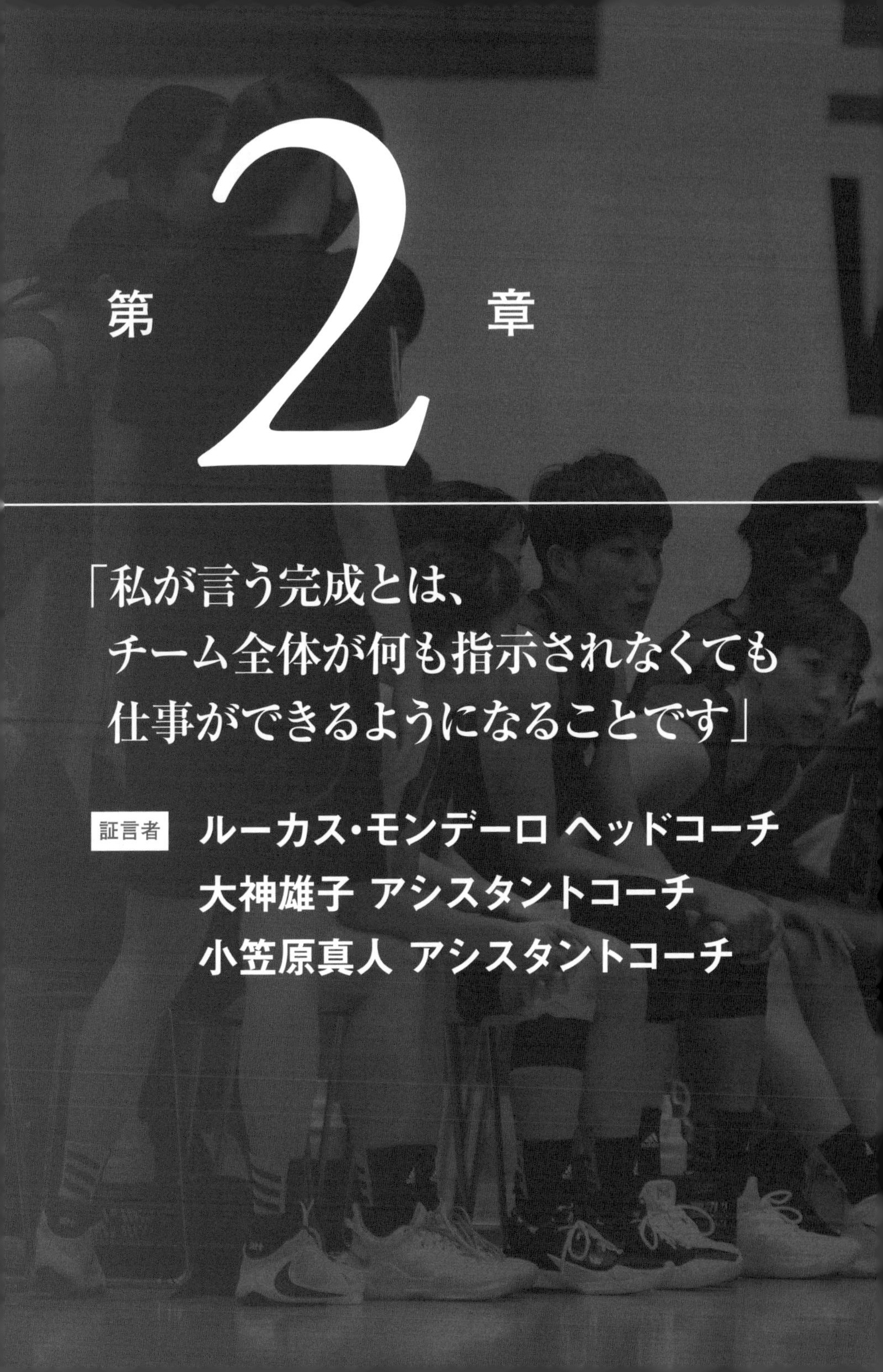

第2章

「私が言う完成とは、
チーム全体が何も指示されなくても
仕事ができるようになることです」

証言者 ルーカス・モンデーロ ヘッドコーチ
大神雄子 アシスタントコーチ
小笠原真人 アシスタントコーチ

ルーカス・モンデーロヘッドコーチ

アジアのよさとヨーロッパのよさを融合させる

2020－2021シーズンにおいて我々が優勝できた要因としては、チームが2年間で大きく成長したこと、そして、アジアのバスケットのいい部分とヨーロッパのバスケットのいい部分をうまく組み合わせられたことが大きかったと思います。特に、目の前にある「状況を見て、理解して、読む」という点において、選手たちは大きく成長しました。それが選手たちの自信につながったのです。

2年前、アンテロープスは選手たちを成長させるために私を迎え入れてくれました。私としては、チームを優勝させるには、それまでとの違いをつくらなければいけませんでした。アジアのバスケットは一定のプレーが多い気がします。コーチに言われたことを忠実にやるところが多いので、それとの違いを持たせるためには、柔軟性を持つ必要があると考えました。

柔軟性を得るには、状況を読んで判断することが大切になります。加えて、ミスを恐れないことが重要です。柔軟性を鍛えるには3年かかると思っていましたが、就任2年目にして選手たちがうまく取り入れることができたのは、うれしい発見でした。

3年かかると思ったのは、日本人の文化的に難しいと感じたからです。「プレーを読む」ことが苦手のようだったので、普段の練習から選手たちに問題を与え、それを解決してもらうトレーニングをたくさん組み込みました。練習プランをつくるのは私の大事な仕事ですが、チームとしてどういうところが苦手なのかを見ることが、それと同じくらい重要になります。苦手な部分の練習を増やし、少しでも克服して慣れさせることが肝心でした。

5対5のゲーム形式の練習をやっている最中に、突然、ボールを1個増やすことがあります。実際のゲームでは絶対にあり得ない状況です。5対5のゲームをボール2個使って実施するわけですから。この練習を行った理由は2つあります。

ボールを2個使うと、5対5の中で2対2や3対3の状況が多くなります。そういう中で、攻守ともにリアクションや読みを鍛えようと考えたのです。もう一つは、それまでのルーティンと違うことをやるので、戦いながら楽しめるというよさがありました。

私が問題を与えるのは、選手たち自身にその解決策を探してほしいからです。仮にそこで答えを出せなかったとしても、それに導くためのコーチだと思います。

最初にコーチが答えを与えて「それをやりなさい」と言えば、その状況が起きたときのリアクションはとりやすいでしょう。ただし「似てはいるが、実は異なる状況」が起きたときは、リアクションをとれません。

試合では、相手のアクションによって、瞬時にリアクションを考え、反応しなければなりません。選手たちがいろいろな問題を与えられた中で自ら解決できるようになると、異なる状況が起きたとしても、すぐにリアクションをとれるようになります。

新しいチームをつくろうと思ったら、完成までに、4年から6年はかかるものです。私がアンテロープスに来てから、まだ2年しか経っていません。つまり、まだ半分。2020-2021シーズンはリーグ優勝という結果を出せましたが、チームを完成させるには時間がまだまだ必要です。コーチの育成も一緒で、それについても約6年かかると思っています。

いまはまだ目指すべきチームの完成形に向かっている段階です。ヘッドコーチのポジションを得た以上は、チームを最後まで完成させることが大事。そうでなければ、中途半端に終わり、ゼロに戻ってしまうことになります。

アジアのよさとヨーロッパのよさを融合させ、アンテロープスのスタイルを構築したいと考えています。私は、ヨーロッパ、特にスペインのバスケットがすべてだとは決して思いません。アジアのバスケットにも、素晴らしいところがいくつかあると思います。

具体的にはトランジションオフェンスです。コーナーまでしっかりと埋めるところが素晴らしいので、普段から慣れている動きや自動化している動き、例えば、フレアやバックカットなどは残しています。また、シュートの成功率がすごく高いので、アウトサイドからのシュートを多く活用しています。

目指すべきチームの完成形

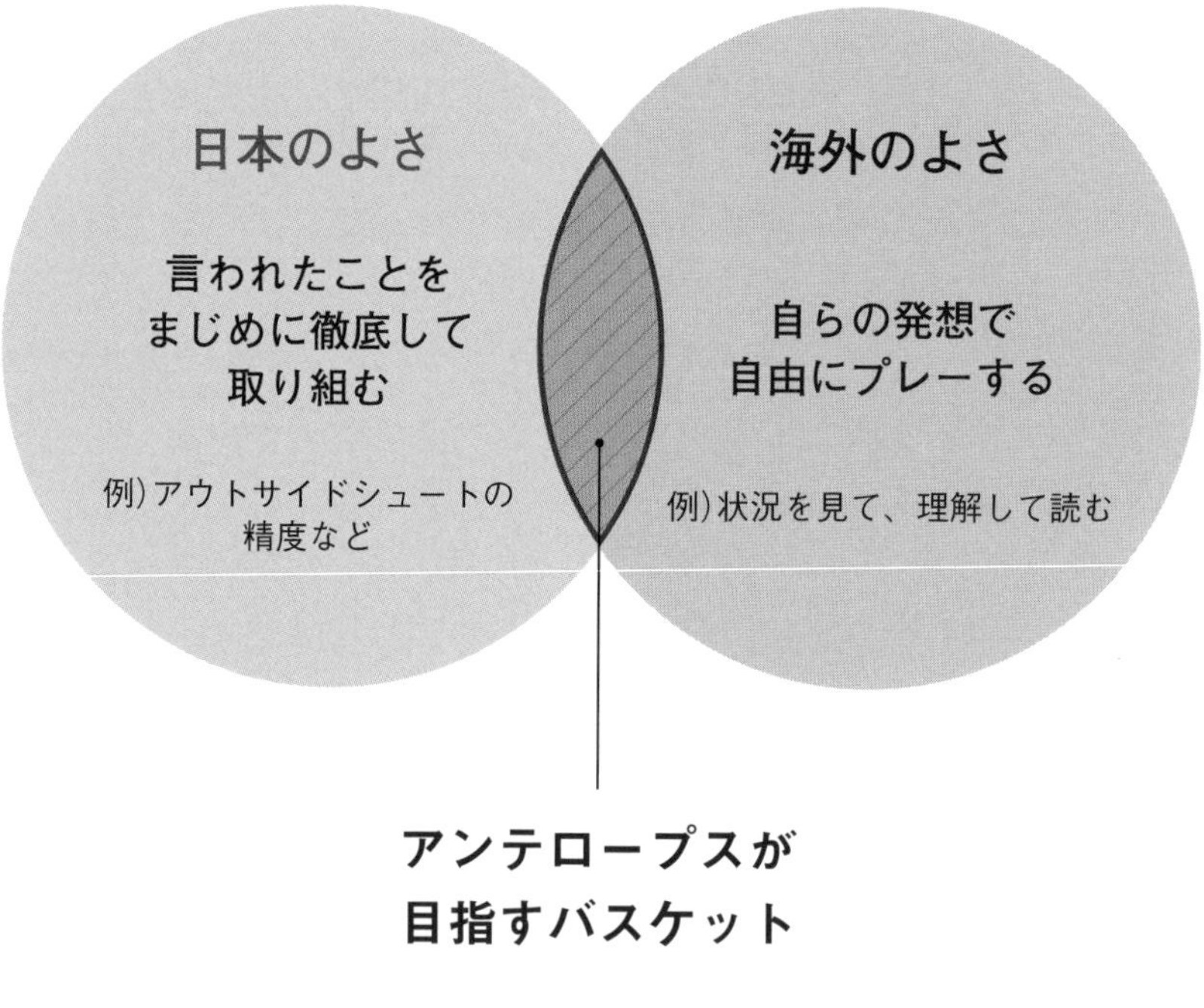
日本のよさ
言われたことを
まじめに徹底して
取り組む
例）アウトサイドシュートの
精度など
海外のよさ
自らの発想で
自由にプレーする
例）状況を見て、理解して読む
アンテロープスが
目指すバスケット

言われたことをまじめに取り組む「日本のよさ」と、自らの発想で自由にプレーする「海外のよさ」を融合させ、チームルールの規律の中で、状況に応じて選手が発想できる弾力性のあるバスケットを目指す。

高い強度と高い質の練習を求める

スペインでは、コーチの資格を取得するには、さまざまな分野のことを学ばなければなりません。コーチになるまでのプロセスがかなり厳しく、かつ、すごく難しいのです。スキルや戦術だけでなく、フィジカルについても学びます。また、私はそのあとの長いコーチ経験の中で素晴らしいストレングスコーチたちに恵まれ、彼らから学ぶこともたくさんありました。

今回の優勝については、戦略や戦術を含めたバスケットの練習とフィジカルトレーニングをバランスよく行ったことが、その要因として欠かせないでしょう。

私は１シーズンを４つに分けて考えています。「プレシーズン」、「レギュラーシーズン」、「プレーオフシーズン」、「ポストシーズン」です。「ポストシーズン」とは、プレーオフが終わってオフを挟んだあとに個人戦術や個人技術を磨くことができる期間、すなわち、シーズンが始まる２カ月くらい前の時期のことです。

“モンデーロHC流”1シーズンの捉え方

1つのシーズンを4つに分けて負荷をコントロール

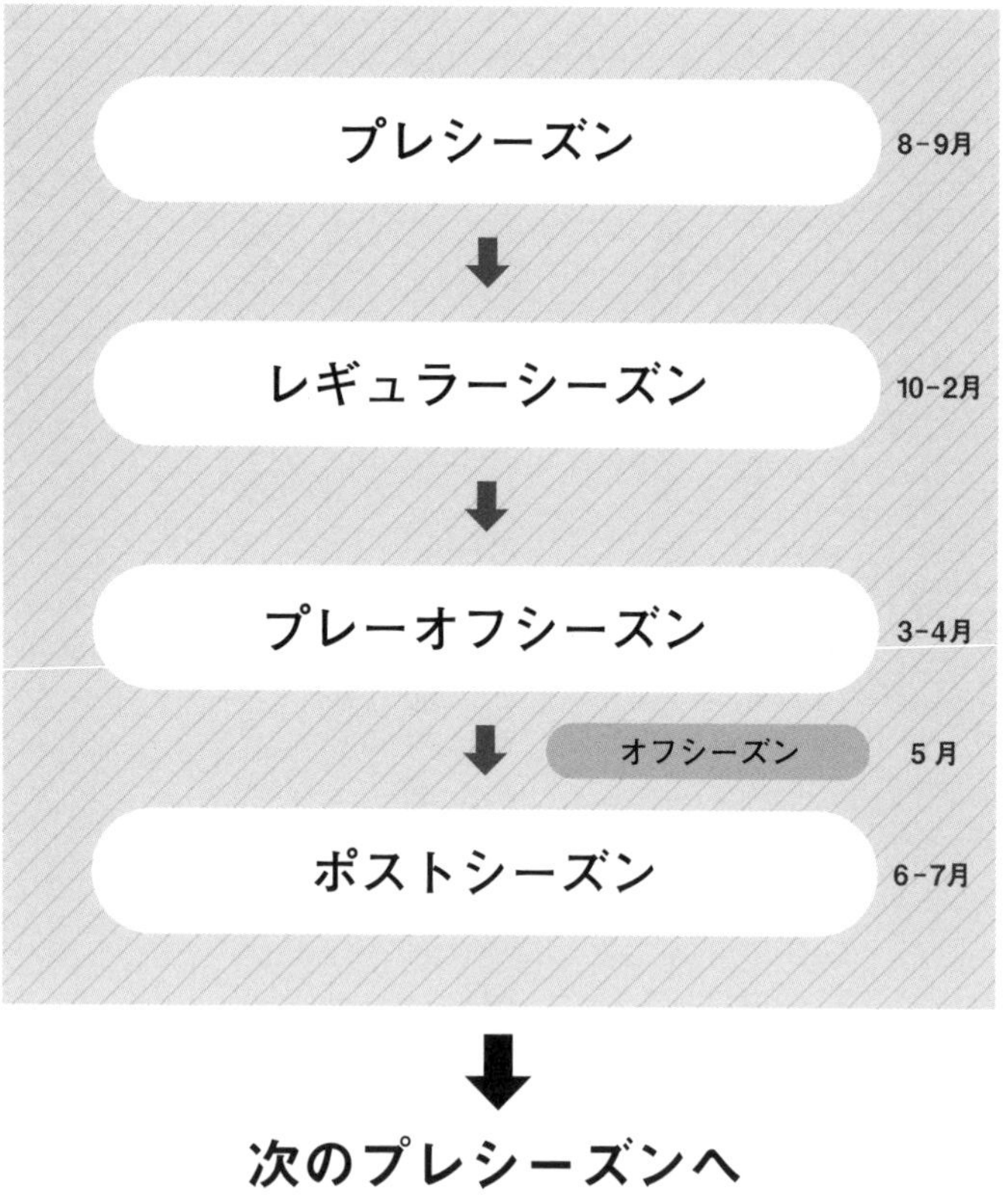

シーズンを4つに分け、選手のコンディションによって、その都度、負荷のかけ方を決めていく。

そして、これら４つのシーズンにどれくらいの負荷をかけるかを決断しなければなりません。負荷をかけてはいけない時期にはバランスをとる必要がありますが、頭の中で計算するだけではダメ。選手たちのコンディションを常に見ながら決めていくことが重要です。

私は長い時間をかけて練習するのはあまりよくないと考えます。負荷が大きくかかる分、ケガをするリスクも大きくなるからです。また、練習では質の高さが求められます。求める質の高さに必要な時間だけを使うイメージでしょうか。

長い時間をかけて練習すれば、チームや選手がよくなるとの考え方もあると思います。確かに、ときどきはボリュームある練習をする必要があるでしょう。一方で、目に見えない練習もあります。練習では高い強度と高い質を求めますが、それと同じくらいのレスト（休養）をとる必要があるのです。そうすることで、次の練習でも質の高さが期待できます。

アンテロープスのトレーナーとストレングスコーチは、よく頑張ってくれていると思います。時間はまだまだ足りませんが、３人でいいコミュニケーションをとれたことがチームにとってプラスに働いたと思います。

練習・休養・栄養の良好な関係

バランスが
保たれている状態

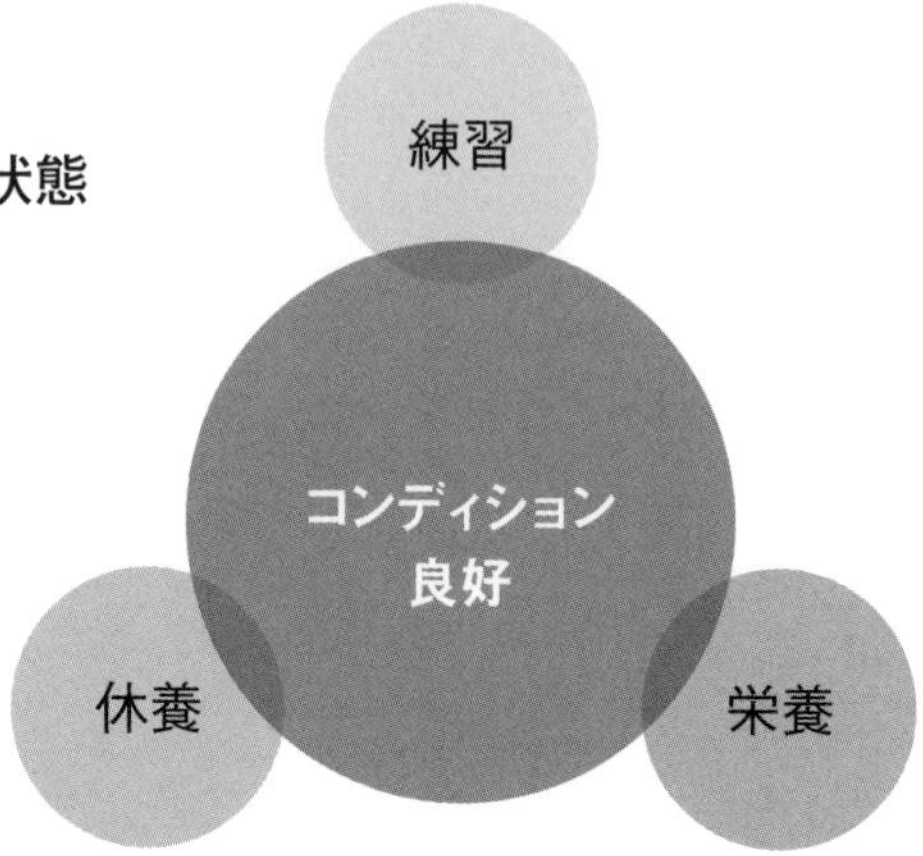

疲労を蓄積
させてしまう状態

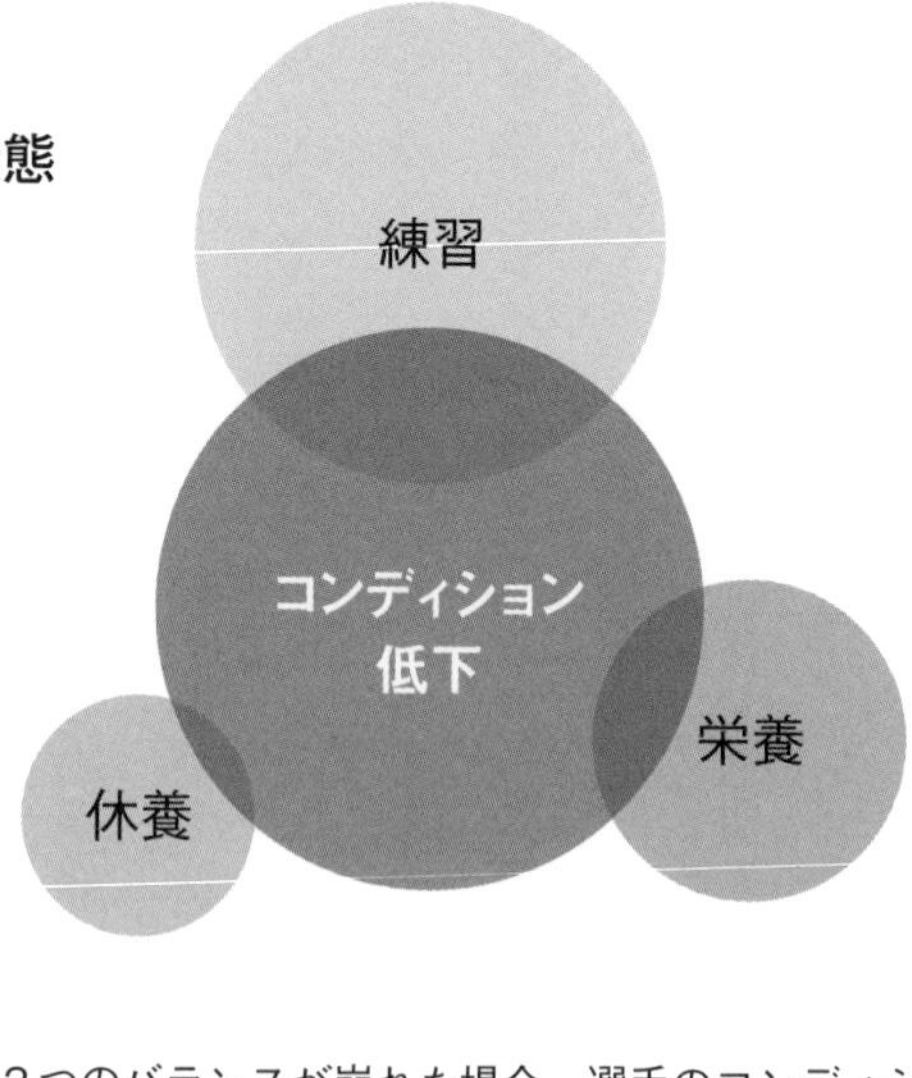

練習、休養、栄養の３つのバランスが崩れた場合、選手のコンディションは低下する。例えば、過度な練習で休養が足りないと、疲労が蓄積しケガなどを誘発する。

私が練習で求める質の高さは、そのときそのときのオフェンスとディフェンスに必要な要素によって変えていきます。ルールに縛られ、ルールに沿ってやると、柔軟性に欠けてしまうからです。

セットオフェンスを練習する際、選手たちはまず、動きを覚えるはずです。その中で求める質のいい動きは、ディテールの部分をどれだけやるかにかかってきます。例えば、スクリーンが発生したときは、ユーザーとスクリーナーのブラッシングといったディテールを意識しながらの全力のスピードと強度の高い動きに注目します。それが質のいい練習につながります。

その点において、選手たちは、私が来た2年前に比べてステップアップできていると思います。選手だけでなく、コーチ陣、トレーナー、ストレングスコーチの全員がレベルを上げたことにより、チームとしての働きがプラスに変わりました。

現状のチームの完成度をパーセンテージで表すと60から70くらいです。選手もスタッフも、もっとステップアップできると思います。前述したように、完成までには数年かかります。完成することによってアンテロープスらしいスタイルをつくれますし、連覇につなげられると思います。

私が言う完成とは、チーム全体が何も指示されなくても仕事ができるようになることです。選手としては、コートに立っているときにコーチと目を合わせるだけで何をすべきかが分かること、何を言いたいかが分かってプレーできるようになること。各スタッフとしては、何も指示されなくても、自分自身の役割を果たせるようになることです。客観的に見て、すべてがスムーズにできていると見えたときが完成。達成するのは難しく、達成できるにしても、それには時間が必要だと思います。いまは、そこに向かっている段階です。

私がコーチングをしてきた中で、完成までたどりついたのは女子スペイン代表です。彼女たちはいい例だと思います。中国とロシアのクラブチームはその一歩手前でした。ロシアのチームは完成目前でしたが、ちょうどそのときにアンテロープスから声をかけてもらったのです。アンテロープスから求められたプロジェクトは新しいスタイルをつくり出すことと日本のバスケットを変えることだったので、私はそれに魅力を感じて日本に来ました。いずれにしても、女子スペイン代表も中国やロシアのクラブチームも、完成形に近づいていったからこそ、それぞれのステージで勝てたのだと思います。

「データを活用してチームで動くほうが成果は大きい」

トレーナーやストレングスコーチの成長が優勝への大きなプラスになったと述べましたが、彼らは私とコミュニケーションをとる際にさまざまなデータを活用しました。スポーツ面やトレーニング面で成長するには、データの活用が不可欠です。データを使って説明したり、データを持ち寄って話し合ったりすると、それぞれの意見をフィードバックすることができます。チームの動きは、データを持つかどうかで大きく変わってくるでしょう。

主観的に単独で仕事をするよりも、データを見て客観的にチームで動くほうが、成果は大きいものです。チームがいま何を必要としているか、ヘッドコーチがいま何を必要としているかは、データを見て、コミュニケーションをとることで理解できます。そして、それがトレーニングのレベルアップにつながります。

ヘッドコーチの立場としては、データを見ることによって、どの方向に導いたらいいかを指示しやすくなります。単なるコミュニケーションだけでフィードバックするよりも、データ化したほうが、さまざまな比較をしやすくなります。データを持たずにコミュニケーションをとるだけでは、人によって記憶力が異なりますし、相違が生まれる可能性があります。データを持つことによって、信憑性が上がるというわけです。

ただし、それは私自身のメソッドであり、方法は誰と一緒に働いているかによって変わります。アンテロープスに来たとき、私はまず、トレーナーである仲村愛と三村舞、ストレングスコーチである千葉秀哉のレベルを見ました。チームにどれくらいのレベルが必要なのかを見て、「じゃあ、データ化して数値を出していこう」と。それがチームにとってプラスに転じたと思っています。

繰り返しになりますが、トレーナーもストレングスコーチも、まだまだ成長できます。チームと同じくらい成長できるでしょう。チームは成長し続ける必要があるので、3人にも成長してもらいたいところです。彼らにはそれだけのやる気が見られるので、この方向に進んでどうなるかを見ていきたいと思います。

取り残されないためには、いろいろなところから吸収して学ぶ

改めて私のプライドにかけて言わせてもらうと、これまでの日本人的な考え方ではアンテロープスが優勝することはなかったと思います。選手たちには、状況を常に見て、プレーをしっかりと読むことを求めています。

コーチについても一緒です。コーチにはもともとのプランがあります。ただし、プラン通りにならない場合があり、状況によってはプランを変更する必要が生じます。ＥＮＥＯＳと対戦した２０２０‐２０２１シーズンのＷリーグファイナル第１戦でも、決まったプランがありました。ただし、試合開始後に変更する必要があったので、すぐに変えました。

２戦目については、１戦目を振り返った上で新たなプランを立てる必要がありました。とはいえ、練ったプランだけでは試合に挑めません。もう一つ別のプランを用意しておく必要があります。２つのプランをバランスよくとったのが、今回のファイナルだった

ということです。

試合は一戦ごとにストーリーが違います。前日と同じになるとは限りません。ですから、分析して判断する必要があります。それとは別に、勇気ある判断も必要です。クレイジーになってはいけませんが、勇気ある判断が必要なのです。

2021-2022シーズンはディフェンディング・チャンピオンとして臨みますが、アンテロープスには成長の余地がまだまだあります。特に成長してほしいところは、ディフェンスでのコミュニケーションとスペシャルなディフェンス。オフェンスではファストブレイクで速くボールをつなぐことと、コーナーを埋めないケースがたまにあるので、もう少しスペーシングでコーナーを埋めることです。トラップされた際にパスを速くつなぐことも課題でしょう。

それらをどのように克服していくか、ディテールはここでは教えられませんが、できるようになるまで修正し続けることが大切になります。そのためには、まずは踏み出さなければいけません。

日本のいいところ、私自身が取り入れなければいけないところが、まだいくつかあると考えています。ディフェンスではトラップする判断とリアクション。オフェンスでは

1対1、素早いシュート、バックカットを繰り返すことなどです。

選手たちはこの2年間でいろいろな動きを身につけ、多くのことを習慣づけできました。彼女たちは本当によく働いてくれるので、そうした日本のよさをアンテロープスのバスケットにさらに落とし込みたいと考えています。

私の人生を考えると、私自身が自分を乗り越えなければいけませんし、いろいろな場所で学ばなければいけません。いつでも、どこでも学び、自分自身のプラスに変えていくのです。取り残されないためには、いろいろなところから吸収して学ぶことが重要だと思っています。

大神雄子アシスタントコーチ

皇后杯での敗北で、「負けたくない」気持ちがより強くなった

コーチとして初めてのWリーグ制覇です。大変なことが多かったので、ホッとした感じがあります。うれしさはありますが、ここまでやってきたのだから、結果がついてきてよかったなという思いのほうが強いです。

選手たちが「負けたくない」気持ちをすごく出していました。皇后杯の決勝で敗れたことが、今回のWリーグ優勝の特に大きな要因になったと思います。あの敗北で、選手たちの「負けたくない」気持ちがより強くなったように感じます。

皇后杯の敗戦については、選手に油断や詰めの甘さがあったというよりは、経験が影響したと思います。高校女子バスケット界で「女王」と呼ばれる桜花学園を卒業した選

手がいくらいようとも、アンテロープスとして皇后杯の決勝に行った経験がいくらあろうとも、ＥＮＥＯＳの選手たちのような優勝経験者がアンテロープスにどれだけいたか、その差が結果を左右しました。

皇后杯の決勝に進むまでは、「自分たちの力で行けるのかな」という、ある種の不安がありましたが、ルーカス・モンデーロヘッドコーチがドンとかまえていたので、その不安はなくなりました。それで実際に決勝まで行ったのですが、あと一歩のところで負けてしまいました。だからこそ、「もう負けたくない」という気持ちになったのではないかと思います。自分はすでに選手ではないので分かりませんが、そういった経験は大きかったと思います。

皇后杯の決勝まで行ったことやその内容に手応えを感じていました。皇后杯の決勝は最初から負けていたわけではなく、前半をリード（47－41）しておきながら、後半にひっくり返されたのです。自分たちで何かをもう少し変えれば、優勝できたのではないか、そういう手応えがあったからこそ、３月のＷリーグ優勝につながったのです。

コート内で考える力、それを遂行する力、徹底する力のギアがそれぞれ上がったことも、もう一つの勝因として挙げられます。ルーカスとアソシエイトヘッドコーチであるイヴァン・トリノスのバスケットボール、つまり、スペインのバスケットでは、状況判断と読みが求められます。練習の中では選手たちがとまどうことがありますが、それでも状況判断や読みを要求し続けるので、流すような練習にはなりません。

「飽きさせない練習で状況判断と読みを追求する」

もちろん、優勝は選手たちの努力の成果ですが、その彼女たちをいかに飽きさせないように練習させるかという点で、ルーカスのメニュー構成は抜群だと思います。練習の流れは一般的ですが、同じ練習がまったくありません。コーチの自分でさえ、「この練習はどんな目的でやっているのかな?」と疑問に思うことがありましたが、「あっ、これも一つの状況判断の練習だ」とつながりました。

練習のリズムや流れは変わりませんが、練習メニューの一つひとつは、選手を飽きさせないように、常にフレッシュな状態で取り組ませるように練られていました。そこは、ほかのコーチと違うところだと感じます。

それはつまり、コーチでありながら選手目線も持ち合わせているからだと思います。同じ練習を毎回やると、選手としては「ああ、これね」と分かります。そうではなく、常に考えさせ、状況判断を生み出す練習を多くしているのです。

バスケットボールは、１個のボールを使って５人対５人で得点を争う競技ですが、ルーカスの練習では、そこにコーチが入ってきたり、ボールを２個にしたり、３×３（スリー・エックス・スリー）のボールを使ったりします。選手としては、プレーヤーの数、ボールの数やサイズが変わるので、考えながら動かなければいけません。

例えば、ボールが２個になると、３メンサイドと２メンサイドでオンボール状態が必ず生まれます。「こちらのサイドでは何か起きているの？　逆サイドはどう？」と、それぞれで何が起きているかを判断しなければいけません。その上で、オフェンスはそのスペースを埋めなければいけませんし、ディフェンスはどっちのヘルプに行くのかを判断しなければいけません。

ディフェンスはどちらを守ってもいいのです。ルールはありません。むしろ、ルールを決めてはいけないのです。どちらのサイドを守ってもかまいません。２メンサイドのダイブに対してヘルプに行き、そのために3メンサイドのオフェンスがノーマークになったとしても、それはヘルプに行ったディフェンスの判断なので、間違いではないのです。どちらのヘルプが大事なのかを自ら判断するわけです。一方で、オフェンスとしては、そうしたカオスの中でもターンオーバーを出さないことが大切になります。

ともかく、選手たちは攻守ともに状況判断をするのみです。正解はありません。アンテロープスの練習では、そうした習慣性を常に高めています。

コーチは、そこで出口まで教えてはいけません。そういうところで、状況判断が常に生まれるわけです。選手の状況判断がプレーの中にあれば、それはミスではないという考え方です。

日本の場合、どうしても先に答えを教えてしまいます。「なんで寄らなかったの?」、「チームのルールは何?」といった具合に、答えを示すような問いをするので、選手は考えなくなるのではないでしょうか。

実際の試合において、練習と同じ状況が本当に生まれているのかと考えると、それはほぼないわけです。毎日、練習メニューが変われば、状況判断と読みが常に追求される習慣性をつくることができます。そうした蓄積も、優勝の一因として挙げられると思い

状況判断と読みが常に追求される習慣性をつくる

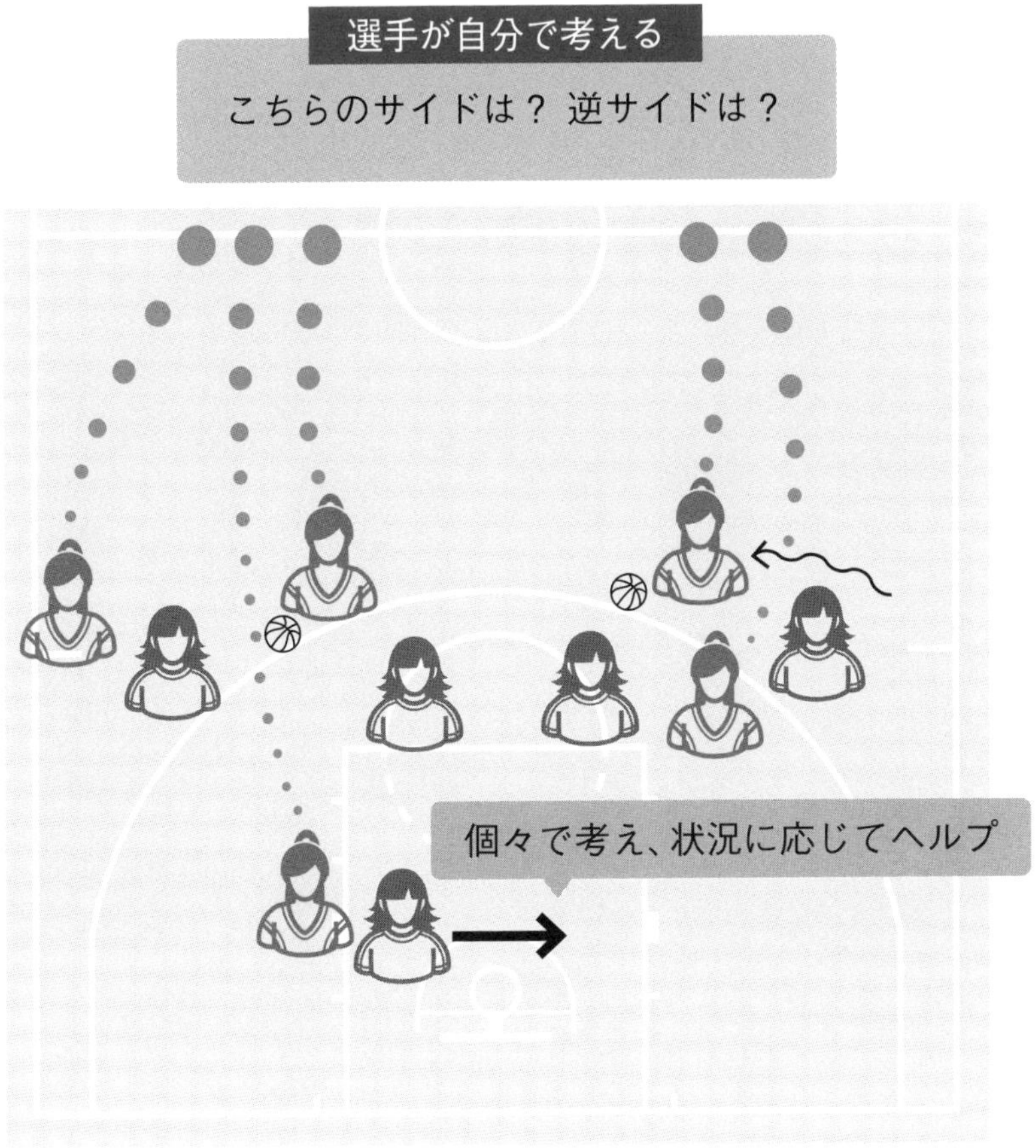

ボールを２個に増やして状況判断力を鍛える例。選手は、どちらのサイドにつくかなどを自分で判断する。明確な正解は存在せず、選手は攻守両面において、常に変わりゆく状況を見ながら考えて動く。

ます。

アンテロープスにも、チームとしてのルール、コンセプト、戦術、スカウティングなどが、もちろんあります。ただし、それとは別に、1対1やヘルプのポジショニングなどにおいては、個人レベルでの状況判断が求められるのです。

自分自身もWCBAの山西フレームでプレーしていたときにルーカスの指導を受けていますが、彼は練習ドリルの目的を選手にあまり言いません。同じコーチという立場になってからは「実はこういう意図があるんだよ」と教えてくれますが、現役時代はほぼありませんでした。

スカウティングの中で「この練習は、こういう目的があるから、これを徹底してやってほしい」と言ってくることがありますが、正直、コーチになってからも意図が分からない練習があります。そういう場合はコーチミーティングのときに教えてもらい、「ああ、こういう意図でやっているんだ」と理解します。

日本人の指導者はクローズドスキル、つまり、「ピボットはこう踏みましょう」とか「パスの出し方はこうです」と教えることが多いと思います。一方で、ルーカスたちは「こういう状況になったときにどう対処するの?」と聞き、答えを言いません。つまり、オープンスキルを練習で磨いているわけです。

スペイン人コーチが求める「柔軟性」への対応が速くなった

今回のＷリーグファイナルでは、選手たちの中に、自分たちで判断して目の前の状況を打開しなければならないとする姿勢が常に見えました。そうした力は間違いなくついてきていると思います。特に皇后杯が終わってからは、ルーカスが何かを突然指示しても、選手たちは何をしなければいけないかを自分たちで考え、すぐに遂行していたように感じます。

そういう意味では、現在のアンテロープスの選手たちはすごいと思うときがあります。あのスペイン語のリズムについていくわけですから。テンポが速いですし、そもそも言語が異なるので、直接的には伝わりません。通訳のワンクッションがどうしても入ってしまうわけです。

そういう状況がバスケットの速いトランジション（切り替え）の中に入ると、慣れないところが出ても仕方がないでしょう。それでも選手たちはやり切りました。大変だったと思います。

とはいえ、それも積み重ねです。優勝したのは2020－2021シーズンですが、3年前にイヴァンが来たときから、スペインのバスケットが始まっています。この1年だけで優勝できたとは思いません。

もちろん、コーチという職業はわずか1年であっても結果を求められるものですが、ルーカスの1年目はどうだったかと振り返ると、思わぬ敗戦が多々ありました。新型コロナウイルスの影響で最終的には暫定2位でしたが、4位だった時期もあります。そう考えると、私自身は、優勝した1年だけでは評価できないと思っています。

ルーカスがよく口にするのが「柔軟性」や「なじみ」という言葉です。文化の違いがある中で、日本のバスケットにスペインのバスケットをどのようにして組み入れていくか、そこには柔軟性が必要になります。スペイン人だからとスペインのバスケットを押しつけるのではなく、日本のよさに対してスペインのよさをどうやって組み入れていくか、そうした柔軟性をいつも求めています。

そうした柔軟性が現れるのはディテール、プレーの細部です。ディフェンスのチーム

日本人プレーヤーに見られる主な特徴

○ 日本人が得意なところ

クローズドスキル	考えなくてもできる

例
- きれいなシュートフォーム
- ピボットの正しい踏み方
- パスの出し方
- チームルールの徹底 など

✕ 日本人が不得意なところ

オープンスキル	選手自身が考えて判断する

例
- 相手の姿勢や視線などを見て、プレーを決める
- 得点差や残り時間などを考えて、プレーを決める など

↑

改善するには練習内容の精査と
日常の生活の変容が求められる

ルールが変わることへの選手たちの対応が速くなったと感じています。言われなくても、だいたい分かるようになってきました。

そう考えると、ルーカスもすごいのですが、選手たちがやはりすごいのです。自分はどうしてもまだ選手目線に近いところにいます。自分がもし選手だったらと考えると、こんなにも目まぐるしく変わる練習メニューや状況判断の練習にしっかりとついていける選手たちは本当にすごいと思います。そういうところは、ほかのコーチよりも強く感じる部分かもしれません。

「バスケットの練習とトレーニングのボリュームが合っていた」

選手たちはバスケットでよりよいパフォーマンスを出すためにトレーニングをし、ケガをしないための体づくりをします。それでもケガをしたら、リハビリを行って復帰を目指します。アンテロープスでも、トレーナーの仲村愛さんやストレングスコーチの千葉秀哉さんを中心に、ケガをしたときのリカバリーやパフォーマンス向上のためのトレーニングをいろいろとやってきましたが、自分が一番よかったな、リーグ制覇に影響したなと思うのは、バスケットの練習のボリュームとトレーニングのボリュームが合っていたことです。

ルーカスとイヴァンは、「きょうはトレーニングをしっかりやる」ために練習のボリュームをグッと下げたり、「今週末の試合はポイントになる」から、トレーニングは週に1回だけにしたりと、練習スケジュールをその都度変えていました。愛さんや千葉さんの力もさることながら、全体のマネジメントという意味でルーカスは独特だったなと感じます。

最終的な練習のボリュームとトレーニングのボリュームをバランスよくすることで、選手たちに疲労が溜まらないようにしていました。通常の練習時間は90分ですが、そこを「きょうは75分」と、しっかりとマネジメントしていたところがすごいなと思います。

また、自分の選手時代の経験では、2対0や5対0といった「アクティベーション系トレーニング」から入ることが多かったのですが、ルーカスはいきなり3対2や4対3から始めます。練習は量じゃなく、質というわけです。

セミファイナルの前には、「今週末はもしかしたら3連戦になるかもしれないから」と、練習のボリュームを一気に下げました。平気でそういうことをするわけです。

日本の選手は、そういうことをされると、たいていは不安になると思います。大事な試合の前に練習量をいきなり落とすわけですから。ただし、そういう場合、ルーカスは説明します。「もしかしたら、今週末は3連戦になるかもしれないので、フレッシュな状態であしたを迎えてほしい。きょうは休んで、食事をして、気持ちも休ませて、あしたからヴァモス（スペイン語で「GO」、「行こう！」、「頑張ろう！」の意）だよ」と。

そうした大胆なメリハリのつけかたは経験則によるものでしょう。なかなか真似できないと思います。

積み重ねてきた年月が優勝という実を結ばせた

チームの文化は、自分が現役時代にアンテロープスに移籍したときから、大きく変わっていきました。当時在籍していた久手堅《くでけん》笑美さんや矢野良子《りょうこ》さんから寮に門限があることなどを聞いていましたし、それまでは多くのチームと同様に、アンテロープスにもチームが選手を管理する文化がありました。自分自身はそれをいまのＥＮＥＯＳにいる頃から変えるべきだと言っていましたし、ＷＮＢＡでプレーしたときに、その思いをさらに強くしました。

日本にはそのやり方で強くなってきたという思想がいまなお残っているところがあります。簡単に変えることはできません。アンテロープスがそれを変える発端になったのは、ドナルド・ベック元ヘッドコーチの存在だと思います。

彼がヘッドコーチに就任し、清野英二さんが部長になったことで、プロフェッショナルとしての日々の生活、例えば、トレーニングへの向き合い方、食事の摂り方、睡眠などについて、チームが押しつける形ではなくなりました。チームが指針を出した上で、選手それぞれが個に合った生活スタイルを取り入れられるようになったのです。

ご飯は寮で食べてもいいし、食べなくてもかまいません。ただしインボディの数値化を定期的に行い、可視化できるようにしています。それによって、トレーニングのメニューを変えることができます。

選手が納得するのは単なる言葉ではありません。そこにデータや数値が加わることで、言葉の説得力が増し、納得するのです。自分自身がそういう選手だったと思います。

監督に言われるだけだと、それはその監督のエゴにしか聞こえません。選手たちとしては、データや数値で納得するわけです。その分、時間はかかりますが、ベックさんのときからアンテロープスはそういう文化を持つようになりました。

そこにスペイン人のコーチであるルーカスが来て、柔軟性やなじみといった、その国の文化に合わせたところでオーガナイズしてくれました。それが、いまのアンテロープスのバスケットではないでしょうか。

今回、アンテロープスの書籍を出すと聞いたとき、自分としては、この1年間でつくり上げられたものではないということを絶対に伝えたいと思いました。選手の努力やルーカスの存在が大きいのはもちろんです。ただし、アンテロープスはかつてWリーグの下部リーグにいたチームであり、そこからチームとしてさまざまな経験をし、その積み重ねとして優勝に至ったのです。

2020-2021シーズンの優勝だけを見て、ルーカスがいたから、選手たちがすごかったからというのは違うと思います。優勝メンバーだけがアンテロープスではありません。チームとはそういうものだと自分は思います。

優勝するまでに何をしてきたのか。三好南穂、馬瓜エブリン、長岡萌映子にしても、移籍4年目にしてやっと優勝できたわけです。さまざまな積み上げがあっての優勝だと評価しなければいけません。もちろん、優勝を自信にしてほしいですし、自分たちがチームとしてやってきたことは間違っていなかったと思います。しかし、チームが積み重ねてきた歴史も決して忘れてはいけないのです。

日々の生活でも自主性を育む文化をスタンダードに

自分は現役時代、ありがたいことに海外のチームでプレーすることができ、日本代表としては多くの国際試合を経験させてもらいました。そこで感じたのは、日本人は「型をとる」のがうまいこと。ここでボールを回して、ここでポケットをつくってといった型づくりは、世界の中で有数のうまさですし、かっこよく見えます。

しかし、判断を伴うスキル、いわゆる「オープンスキル」は相当欠けています。判断したり、読んだりといったスキルは、世界に比べて劣っていると思います。ただし、それはバスケットの練習の中だけで培われるものではありません。状況判断は日々の生活の中にもあるのです。

ベックさんもそうでしたが、ルーカスも、選手、コーチ、スタッフに人間的成長を求めます。前部長の清野さんが門限などのルールを撤廃し、選手に自主性を育むことを求めましたが、それについてはルーカスの考えも合致しています。そこがアンテロープスの強みになりました。

こうした文化がスタンダードになれば、日本のスポーツは大きく変わると思います。選手寿命やセカンドキャリアもガラリと変わると思います。

アンテロープスの選手たちは、苦にするのではなく、楽しくてバスケットをプレーしています。好きなことをやって人間的成長を実感できれば、その人の幸福度は比例して上がります。アンテロープスの優勝は、そういう視点からも意味のあるものだったと思います。

小笠原真人アシスタントコーチ

「いままで見てきた練習とは違った」

2020-2021シーズンのWリーグで優勝できた理由としては、大きく分けて2つの点が挙げられます。一つは練習です。日本人の僕たちがいままで見てきた、もしくは学んできた練習とは違うところがありました。少し抽象的かもしれませんが、いままで経験してきた練習の多くは、「Aという練習をやります。意図はこういうことで、こういうふうにやるよ。さあ、みんなやってください」といった感じでした。つまり、指導者側が答えを先に言い、その答え合わせを選手たちがする流れです。

しかし、ルーカス・モンデーロヘッドコーチやイヴァン・トリノスアソシエイトヘッドコーチの場合、答えを先に言うときもあるのですが、状況を設定した上で、選手が自ら答えを探さなければならない練習が多いのです。シュートを上達させたい練習では、きょうはこれ、翌日はこれといった感じで「入口」を変えます。そうすると、選手は日々、それに対応しなければなりません。狙いは一緒でも、入口が違うので、常に考えて対応しなければならないのです。そういったやり方で日々培うことが多かったかなと思います。

これまでに僕が学んできた多くの日本のコーチは、どちらかというとドリル化し、同じような動きを繰り返すことが多かったのですが、そうすると、選手が動きに慣れすぎてしまいます。相手のAというフォーメーションの動きに対する動きをやり込むと、Aには対応できますが、逆に、Aに対してだけ足が動くようになってしまいます。相手がBやCのフォーメーションを出すと、うまくアジャスト（対応）できません。日本人は包丁を研ぎ澄ますような、何か一つのことをやり込むのはすごく得意ですが、多様なプレーに対応するのは少し苦手なところがあります。

僕は、カテゴリーこそ違いますが、ヘッドコーチを経験したことがあります。そのときも、この点で行き詰まりました。一定のところまでは進めるのですが、そこから先はどのようにコーチングしたらいいのだろうかと悩むところが多々ありました。

選手の知的好奇心をくすぐる

狙いや目的が明確な練習

コーチが解答する → 答えが一つしかない答え合わせの練習

狙いや目的を伝えずに状況だけを設定した練習

選手それぞれが解答を考える → 最終的な答えは一つだとしても選手それぞれのアプローチで進む練習

それを選手の「能力」や「才能」といった一言で解決してしまっていいのだろうか、いや「能力のある選手をさらに伸ばすには、そのための指導方法があるはずだ」とずっと思っていました。そうしたタイミングでアンテロープスからアシスタントコーチ就任の話をいただいたので、勉強してみたいと思って飛び込みました。トップ選手の才能をさらに伸ばす練習があったからこそ、アンテロープスの選手たちは力を発揮することができたのではないかと感じます。

もちろん、アンテロープスでもやり込むことはあります。何回も何回もやり込むこともありますが、そこはバランスです。すべてがそれになってしまうと、簡単に言えば、選手は飽きてしまいます。そこはコーチのフィロソフィー（哲学）ではないでしょうか。

やり込むことを得意とするコーチもいれば、いろいろな状況を設定するコーチもいると思います。ルーカスはそのバランスがすごく上手かなと思います。ルーカス自身がコーチミーティングで「きょうはやり込む日」、「きょうはリズムを抑える日」、「きょうはいままでやってきたことを少し落とす日」、「きょうは流れを止めずにどんどん選手にやらせる日」といった具合に、練習の進め方を示してくれます。

それは、シンさん（大神雄子アシスタントコーチ）と僕が担当するスキルワークでも同じです。同じことばかりやっていると、選手は飽きます。最終的には選手が課題を解決するのですが、いろいろな側面からアプローチするようにしています。選手の知的好奇心をくすぐってあげるようにやらないと、個性豊かなアンテロープスの選手たちはすぐに「またかよ」という感じになってしまうのです。一方で、「これができていないから、徹底的にやり込む」ことも、もちろんあります。

各自がプロフェッショナルだった

もう一つの勝因は、ありきたりですが、チームの団結力です。アンテロープスは個性的な選手が多いのですが、スタッフもまた個性的な人たちが多いのです。マネージャーを含め、一人で二役も三役もこなせる、優秀な人たちがそろっています。しかし、そうなると、チームのバランスが悪くなってしまうことがあります。

ですから、「ヘッドコーチはあくまでもルーカスであり、彼を中心とし、それぞれがそれぞれの役割を徹底するやり方」で進めました。最初はとまどいがあったと思います。

しかし、2020－2021シーズンは、みんながルーカスにアジャストしていました。選手に役割があるのと同じように、スタッフにも役割があります。その役割をちゃんと理解して遂行できたのが大きかったと思います。

ともすると、ルーカスがAと言っているのに、優秀であるほかの人がBもあると言ったり、さらに違うところではCもあると言ったりすることがあると思うのです。しかし、いまのアンテロープスは、ルーカスがAと言ったら、そのAを絶対に成功させるためにみんなが一つになって動きます。トレーナーやストレングスコーチを含め、すべてのポジションがすごく優秀だなと感じました。

2020－2021シーズンのアンテロープスの場合、慢性的なケガ人が出なかったことが優勝できた一つの大きな要因だと思います。トレーナーやストレングスコーチらが役割をしっかりとこなし、それをシンさんと僕が受けてスキルトレーニングに反映させ、そして、戦術的なところはルーカスとイヴァンが見ていくという役割をチームで組めたことが大きかったと感じます。重なる部分はありますが、そこを飛び越えすぎてしまうと、チームケミストリーがおかしくなるので、そこは各自がプロフェッショナルだったと思います。

高いコンディショニングとスキルレベルを維持するサイクル

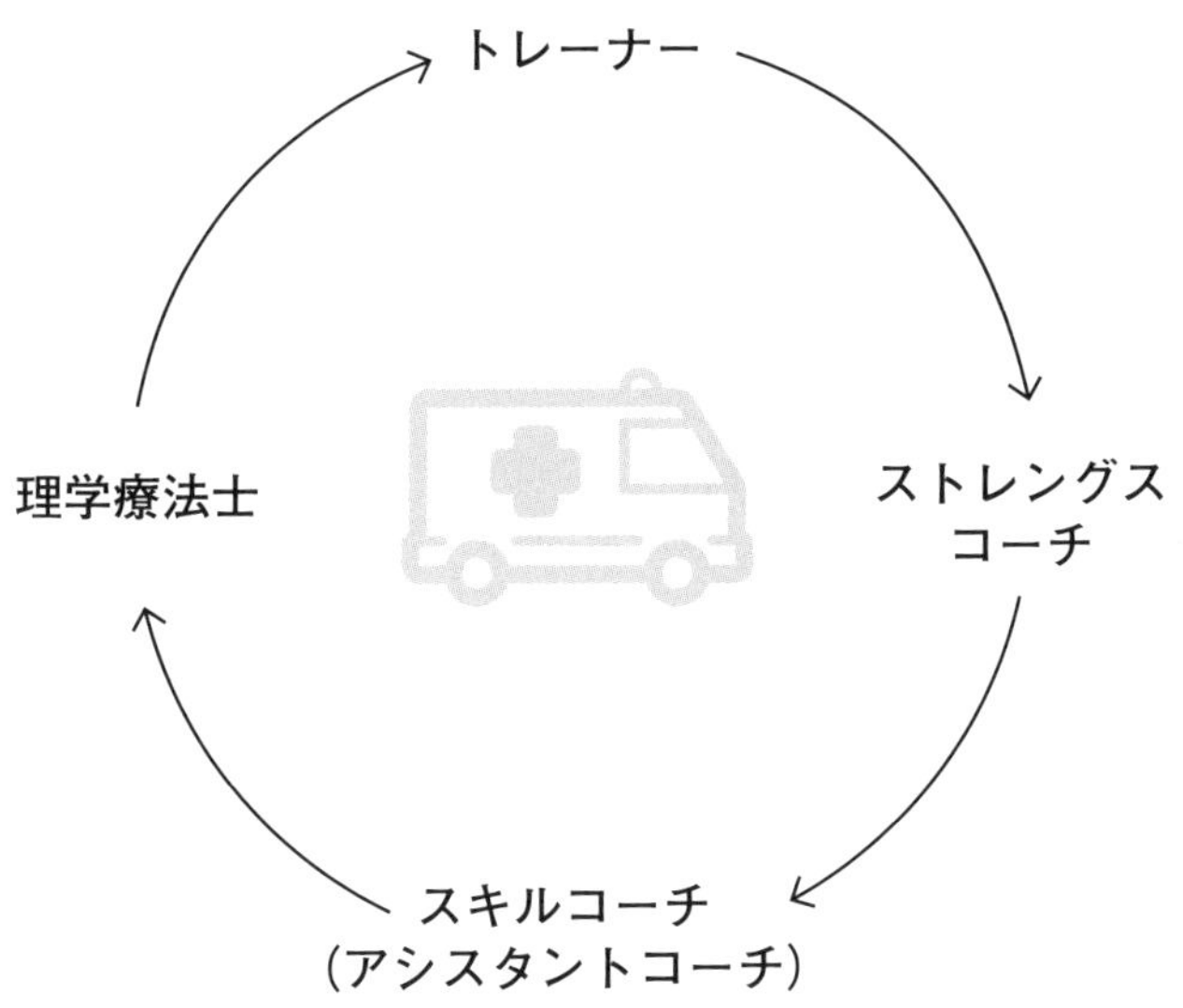

トレーナーからストレングスコーチ、ストレングスコーチからスキルコーチ、スキルコーチから理学療法士、理学療法士からトレーナーという連携によって、選手のコンディションとスキルを維持し、ケガを未然に防ぐ。

身体的なことについては、ルーカス、トレーナーの仲村愛さん、ストレングスコーチの千葉秀哉さんがしっかりと話をし、ルーカスから許可が出ると、僕らのところにスキルワークの要請がきます。

最後のほうは「スキルはキミらに任せるよ」という感じで、ルーカスが一任してくれました。そこで、僕たちが愛さんや千葉さんと相談し、スキルワークをしたあと、体の動きをもう一度見てもらいました。その中でコミュニケーションをとりながら進めていったことで高いコンディショニングと高いスキルレベルを保てたのだと思います。

「スキルコーチ」としての役割

僕とシンさんは、基本的には同じような役割を担っています。練習では、「シンはこの部分をやってくれ」、「オガはこの部分を頼む」といった感じでルーカスが伝えてきます。例えば、最初のウォーミングアップはシンさんがやり、フォーメーションの部分は僕がやるといったことです。個人の部分では、シンさんが見るプレーヤーと僕が見るプレーヤーに分かれていることが多かったのですが、僕が見ているプレーヤーに対して、シンさんは何も言わないというわけではなく、何か思うことがあれば、2人でコミュニケーションをとりながらやっていました。

2人の仕事は、いわゆる「スキルコーチ」の様相が濃いと思います。アンテロープスでは、自主練習は短時間でと決められています。例えば1選手に1コーチで一人30分となると、僕たちからすれば、結構な時間がかかります。朝からやらないと、全員まで回りません。

全体のマネジメントは、もちろんヘッドコーチのルーカスが行います。その中で、「彼女はこの部分のディフェンスができていない」と伝えられたら、そのディフェンスをきちんと教えてあげる必要があります。チーム全体の練習でできていないことをさらに細分化、分解して教えられるコーチがスキルコーチです。

同じ「スキルコーチ」でも、僕たちのようにチームに帯同しているコーチと、帯同していないコーチがいます。チームの中にいるコーチは、あくまでもヘッドコーチの意向を汲んでやらなければいけません。

ルーカスには、「『You Tubeウケ』するようなことはやるな」とよく言われました。

例えば、「ドリブルでこうやって、こうやって」と形を追うと、「そんなにドリブルをついていたら守られるだろう」と言われます。以前に「ドリブル1回で行ったほうがいい」と言われたことがあります。「では、そのドリブル1回をどうやってつくのか、強くつくのか、速くつくのか」、そういうことを考えてスキルワークを行っています。

また、アウトサイドシュートが苦手な選手がいたら、当然、その選手のシュート力を上達させなければなりません。その場合、シュートのどういうところが悪く、どういうふうにすればシュートが入るのかを考えます。そして、細分化して練習し、シーズンの試合中にシュートをちゃんと決められるようにするのです。そういったことが、アシスタントコーチ、特にスキルを担っているコーチの役割かなと思います。

最近のスキルコーチは少し誤解されているように感じます。スキルと言うと、目新しさやトレンドに沿った最新スキルばかりをやろうとする傾向が見られます。もちろん、そういったことも知識として得なければいけませんし、選手に飽きさせないためにやることはあります。

しかし、極端な話をすれば、NBAでやっているオフェンススキルは、NBAのディフェンスに対抗するからこそそのスキルです。同じようなディフェンスをしてこないので

求められるスキルコーチの役割

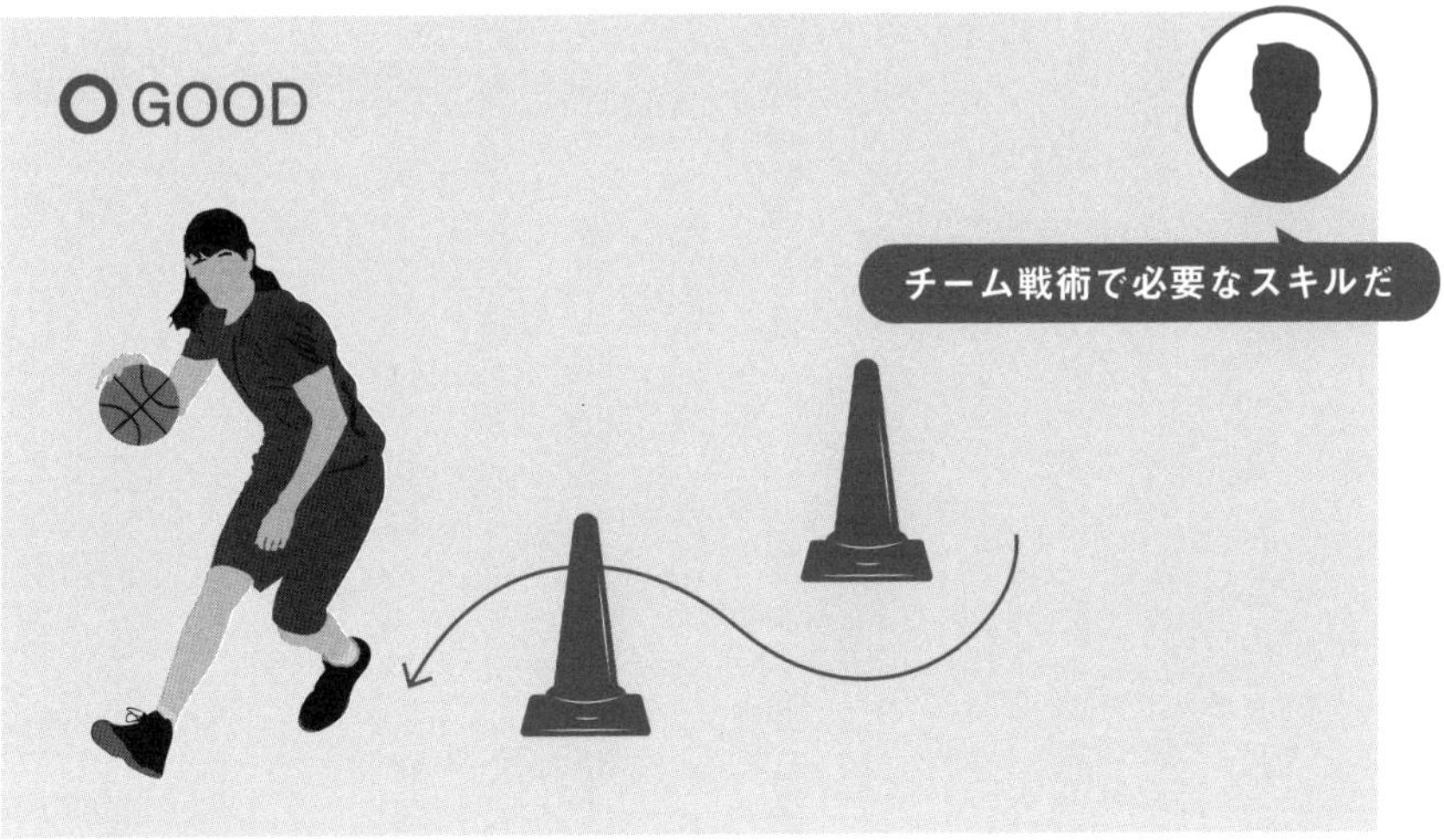

目新しさやトレンドに沿ったスキルばかりをやるのではなく、
戦術的に必要なものを優先して指導することが重要だ。

あれば、必要ありません。逆に言うと、「Wリーグで次に対戦する相手はこういうディフェンスをしてくるから、こういうスキルをやりましょう」と提案することはあります。選手たちのベースを伸ばしながら、対戦相手へのアジャストをスキルベースでやっていくことがあります。

その視点で見れば、馬瓜エブリンは変わったと思います。最初はボールハンドリング以前のボールの持ち方から始めました。最近のバスケット界では、ペイントエリア内でのシュート確率を課題に挙げることがよくあります。確かに、女子のペイントエリア内のシュート確率は非常に悪いのです。ノーマークのレイアップシュートを外すと、確率に如実に影響します。ビッグマンがいるチームが強いのはそういうことです。

ガードのレイアップシュートやフォワードのレイアップシュートは難しいところがあります。それにはいろいろな理由があるのですが、一つはハンドリングの問題です。エブリンもそういうところから徐々に改善していきました。

永田萌絵のルーキー時代について言うと、加入当初は3ポイントシュートがまったく打てませんでした。シュートフォームに安定性がなく、そこを直すのにちょっと苦労しました。

２０１９－２０２０シーズンからずっとつき添ってやっている安間志織の場合は、近い距離、つまり、コーナーでの３ポイントシュートから始めました。当初は「コーナー以外からシュートを打っちゃダメだよ」と制限をかけたことがあります。そこからシュートエリアを徐々に広げていき、最後はプルアップでの３ポイントシュートまで打てるようになったのです。

それらができるようになるためにまず見るのは、全体のバランスです。全体のバランスを崩さず、ボールにスムーズに力を伝えることが一番重要になります。

シュートフォームは人それぞれに違いがあります。手の動きを直そうとする場合、原因は手なのか、それとも骨盤の向きなのか、体重のかけ方なのかといった違いがあります。

骨盤がうしろに下がっているために手で調整していることがあります。俗に言う「へっぴり腰」は、体幹を使えずに最初に手が出てしまうのです。しかし、シュートのうまい選手は体幹をうまく使い、手は最後に出てきます。そうした順番づけを変えるだけです。フォームはすべてを直したらダメ。「手は最後」といったアプローチをします。

Ｗリーグでプレーするような選手は、当然、トップレベルの力を持っています。ですから、何かを180度変えるのではなく、彼女たちが持っているもののバランスをよくしたり、よりスムーズにできるようにしたりするアプローチが重要だと思います。

スキルワークと言うと、シュートの場合、フォームをガラッと変えるイメージが強くあるかもしれません。そうではなく、少しずつ、少しずつ変えていくのです。そうすると、いつの間にか軽く飛ぶようになり、それをゲームでうまく発揮できるようになっていきます。試合を見ているだけでは気づかないことだと思います。やっている本人さえも、「なんかよくなった」くらいの感じですから。

ただし、スキルワーク、特にシュートフォームの改善などに関しては、コーチがヒントを与えて選手が答えを出すというよりは、もう少し強めのアプローチかもしれません。スキルについては、判断することがあまりないからです。例えば、横の動きでバランスが崩れるのであれば、最初は1ステップから始めて次は両足ストップにするなど、さまざまな動きを組み合わせながら、横の動きがあるシュートを強化していきます。

チーム練習は対人なので、判断を必要とすることが多いのですが、スキルは対人とは少し違います。そこはやり込むことが重要だと思っています。しかし、Aばかりやると、慣れが出てしまいます。「Aをやりたいが、いろいろなアプローチからAを身につける」

という方法にしています。

各選手は、僕らのスキルワークによってチームに必要なスキルを身につけます。ルーカスは、それを使って状況判断の練習ができるとも言えます。ですから、試合でシュートが入らないと、僕が指摘を受けます。逆にシュートが決まると、ベンチで「決めたな」と言ってくれます。それがまた、僕らのモチベーションになったりもします。

「選手に余白を持たせることも大事」

僕は2019－2020シーズンからルーカスの下でアシスタントコーチをしていますが、彼のゲームの采配には学ぶところがあります。事前に準備することももちろんたくさんあるのですが、ゲームに対する嗅覚といいますか、感覚は特別優れていると思います。自分だったら、ゾーンディフェンスはまだしないなというところでも、ルーカスは早めに手を打ったりします。彼の長年の経験によるものはいまの僕にはまだないので、学ぶべきことが多いのです。

ENEOSとのWリーグファイナルの第2戦では、初戦で起用しなかったシラ・ソハナ・ファトー・ジャを起用しました。それに関しては、試合前日に「あしたはこういうプランにするから、そうしたらソハナを使えるよね」という話がありました。

ただし、僕だったらもっと早くベンチに下げたと思います。いくら高さがあっても、ファイナルという大舞台でアーリーエントリーの選手をあそこまで長く起用し、なおかつ、それを成功させるのは、日本人のコーチではなかなかできないと感じました。もちろん、それができる日本人コーチもいるとは思いますが、たいていの日本人コーチの場合はもっと堅く進めると思います。

采配とは別のところ、つまり、練習でも勉強になることがあります。僕がアシスタントコーチに就任した1年目、イヴァンがヘッドコーチとしてチームを見ていたときの話ですが、いろいろなパターンを練習した選手たちは、初めてやることもあったので、ととまどいを見せました。

僕はイヴァンに「ちゃんと説明しないと、選手たちは分からないと思う。逆に説明したら、日本人はできるから」と言いました。するとイヴァンは「日本人はちゃんと説明しなければできないほどのバカなのか？」と返してきました。自分たちで考えて判断すれば、できるだろうというわけです。

前述した通り、日本人のコーチはすべての答えを与えすぎているのかなと感じます。僕自身、すべてを伝えられることがいいコーチだと思っていましたが、果たしてそれは選手のためになっているのでしょうか。答えを持っていても、すべてを出さないこと。選手に余白を持たせてあげることも大事なのだと学んでいるところです。

僕自身はデンソーアイリスのアシスタントコーチから始まり、秋田銀行ではヘッドコーチを務めました。そこからアンテロープスのアシスタントコーチになり、U19女子日本代表のアシスタントコーチなどもやらせてもらいました。

これまでは「世界、世界」と思いながらやってきたのですが、ルーカスの下で学ぶようになってからは、U19女子日本代表でワールドカップに行ったような場合に、「日本人はどうしたらいいんだろう？」と考えるマインドに変わりました。いろいろなことを知りたいと思ってやってきて、NBAの試合などはいまでもチェックしますが、目の前にいる選手たちを伸ばすためにはどうしたらいいのか、日本が世界で勝つためにはどうしたらいいのか、そういった点を考えるようになりました。

それが、今回の優勝でまた確固たる思いに変わりました。AとBしかなかったのが、

CやDまでもが自分の選択肢の中に入ってきたように思います。何か一つの方法だけではなく、いろいろなものを組み合わせながら、前進できるようになってきたかなと感じます。

選手たちは、状況判断がすごく上手になりました。対応能力もついたと思います。「アンテロープスは速いね」、「ディフェンスがすごいね」、「シュートがよく入るね」などとよく言われますが、練習を重ねたことで上達したのです。

アンテロープスには女子日本代表もいますが、そこでスタメン起用される選手は多くありません。そういう選手たちが努力を日々重ね、そして、うまくなってつかんだ優勝だったのです。

歴史を変えた選手たちの声 Vol.3

馬瓜エブリン（まうり・えぶりん）

1995年生まれ、愛知県出身。2014年、桜花学園高校からアイシン・エィ・ダブリュ（現アイシン）に加入した。アンテロープスには2017年から在籍し、移籍4年目の2020-2021シーズンに大きな飛躍を遂げた。Wリーグ両地区を通じたリバウンド・リーダーズに初めて輝き、プレーオフではベスト5に初選出された。2021年の東京オリンピックでは日本の銀メダル獲得に貢献した。

© TOYOTA Antelopes

試合会場の雰囲気に飲まれなかった

今回の優勝の一因は、試合会場の雰囲気に飲まれなかったことだと思います。どちらかと言えば、会場はENEOSを応援するような雰囲気でした。選手はそういったことをすごく感じるものです。ENEOSが追い上げてくると、ボルテージがさらに上がりました。

皇后杯のときもそうでした。そこで負けたときに、雰囲気に飲み込まれないようにすることを学びました。Wリーグのファイナルでは絶対にそうならないと、チーム全員が共通理解を持ってできたことが、優勝につながったのかなと思います。

試合中はプレーに集中していますが、流れが悪くなったときに、そこからひっくり返すENEOSの力にはとんでもないものがあります。それをプレーオフで目の当たりにしたのです。

セミファイナルではデンソーがENEOSをずっとリードしていました。勝ちそうな雰囲気だったのに、最後の最後、残り何秒かでひっくり返されました。しかも、それを2試合連続でやられたのです。目の前でそれを見た私たちは、対ENEOSということだけではなく、そのファンや周りの雰囲気を含めて、「これに飲み込まれてはいけないね」と話していました。

「同じ方向を向いている」と試合中に幾度となく確認した

逆転負けを喫した皇后杯が終わってからは、

自分もキャプテンの三好（南穂）さんも、練習で何かよくないことが続いたときは、「いま、よくないプレーが続いているよ」と声をかけるようになりました。「ミスはやはりダメなんだ。しかも、それを続けちゃダメなんだ」ということが、共通理解として分かってきたのです。その点は練習から常に意識していましたし、ルーカス・モンデーロヘッドコーチも言っていたことです。

ただし、100%ミスをしてはいけないということではありません。ミスや悪い流れは、どうしても生まれます。すぐになくせるものではありません。練習中に注意したからといって、すぐになくなるようなものではないのです。

それでも、意識するだけで違います。このミスを出してはいけないと分かっているだけで違いますし、その意識は、ミスが続きそうになったときにどうするか、そういう別の考え方につながったと思います。

悪い流れになったときに、「やばい、やばい。自分たちの流れじゃない。向こうの流れになっている。やばい、やばい」と思うのか、それとも、そこでタイムアウトをとったり、ハドルを組んだりして、みんなで集まって、落ち着いて、呼吸をして、いま何をしたらいいかをみんなで考えるのか、そこには大きな違いがあると思います。「そういうことをしなければいけないよね」とコーチたちからも言われていました。意識するだけでも違うと分かったのは大きなことでした。

もちろん、そうしたことにはどのチームも

取り組んでいると思います。それでも、ENEOSだけは突破できない、そういう12年間が続いていていました。アンテロープスが今回それを覆したのは、メンタル面の成長が大きいと思います。

三好さんが試合後の優勝記者会見のときに、皇后杯の決勝では「みんなが目を合わせなかった」と話していましたが、悪い流れのときに「大丈夫」と言ったところで、言葉の「大丈夫」だけでは信じられないところがありました。本当に大丈夫だろうかとネガティブな考えを拭い去れませんでした。

「大丈夫」と言いながら同じ方向を向いていなかった、それまでの状況をなんとかしたいということで、皇后杯のあと、三好さんが「ちゃんと目を合わせよう。ちゃんと一人ひとりの目を見て、『大丈夫。いまはこうだからね』と言えるようになろう」とリードしてくれました。そのおかげもあるのでしょう。「自分たちはいま同じ方向を向いているんだよ」と試合中に幾度となく確認したことが、優勝に大きな影響を与えたと感じます。

そう考えると、皇后杯の負けが一つのきっかけになったと思います。そこからチームが一つになったといいますか、引き締まった感覚がすごくありました。特にWリーグのプレーオフに入ってからのことですが、例えば、コーチがすごく激昂して指示がうまく伝わらないときでも、選手たち自身が、いま何をすべきかを共通理解として持っていました。「いまはこういう状況だけど、ここと ここを修正したら、こうなって追いつくよね」、「いまはリードしているけど、ここところがよくないから、外からのシュートじゃなくて、ペイントエリアにアタックしていこう」といったような、実践できる細かい指示を出せていました。これはチームとしての成長だと自分は思っています。

ドリルではなく、すぐに対人練習に入る

アンテロープスの練習は対人が多く、ウォーミングアップが終わると、すぐにその練習に入ります。日本の一般的な練習だと、まずはディフェンスのポジショニングやパス練習といったドリルをやります。ルーカスの考え方はまったく違い、すぐに対人練習に入ります。しかも、いま何点勝っていて、残りが何秒で何をしなければいけないかなどの状況をいろいろと設定します。その際、安間（志織）や山本（麻衣）たちガード陣は、状況を常に考えていました。実戦に近い練習が常にあったように思います。

ルーカスがヘッドコーチに就任して2年目に入ったので、彼の言っていることや考え方が分かるようになってきました。それが表に出始めたのではないかと思います。

アンテロープスの練習は本当にすさまじいです。誰も審判をやりたくないと思います。例えば、3分という時間の中で、いま勝っているのか、負けているのか、どうしたら勝てるのかを考えます。選手自身がタイムアウトをとれるので、自分も相手にシュートを決められたら、「わっ、やられた。タイムアウト！」と叫んだりしています。「いま、タイムアウ

トをとっていいの?」と確認し、OKが出たら、「こういうプレーで得点をとって、最後、時間を残さないようにしよう」みたいなことをやっています。誰がシュートを決めるのか、誰がやったほうがいいのかということも、全部自分たちで考えます。

個人的には、何がよくて何が悪いかがわかりやすいので、実戦が多いほうが好きです。元ヘッドコーチのドナルド・ベックさんのときもドリルよりも対人練習が多かったので、みんな対応しやすかったと思います。

チーム練習で実践し、足りないところはスキルワークで補う。そういう流れが、ルーカス体制2年目の2020-2021シーズンあたりから確立されました。選手はプロらしい意識で練習に取り組んできたと思います。

6時半に体育館に来て、コソ練を30分間やっていた

アンテロープスでは、120%の力をチーム練習で出しなさいと言われます。その分、スキルワークの時間が短くなっています。ただし、自分の場合、みんなは知らないと思うのですが、朝早く体育館に来て、自分に足りないと思うスキルワークを一人でやっています。自分は奔放なキャラなので、「エブリンは自主練習をしてない」と思われていますが、実はやっていました。

内容としてはシュートも打ちましたし、ドリブルの練習もしました。チームではセンターですが、身長がそれほど高いわけではありません。ドリブルなどは高校時代から練習して

いましたし、ドライブやガードみたいな動きもできるようになったという自負があります。もちろん、ガード陣のレベルには達していないので、みんなの前で練習するのは恥ずかしかったのです。それで、朝早く来て、ちょっとコソ練でもやろうかなと考えました。

2020－2021シーズンは毎朝6時に起き、6時半には体育館に来て、練習を30分間やっていました。起き抜けで、体育館に散歩がてらやってきます。毎朝、近くのスタバの店員に「おはようございます！」と手を振って来ていました。一人の練習が終わったらいったん帰宅し、午前のチーム練習に間に合うようにまた来ていました。つまり、体育館に朝2回来るわけです。チーム練習に来る時刻が一番遅いので、「エブリン、遅いぞ」と言われるのが日課でした。

午前の練習が終わったら、食事と休息をとり、昼の練習の前にアシスタントコーチと本格的なスキルワークをやっています。これも20分から30分くらいです。

日本の自主練習は、チーム練習のあとに体育館にずっといるイメージがあります。「いつまでいるの？」と思うくらい長くいますが、アンテロープスはそうではありません。短い時間に集中して練習するのが「アンテロープス流」です。

言い続けてくれたおかげで頑張れた

優勝の要因をさらに挙げるとすれば、大きなケガ人が出なかったことです。シーズン中の雑談で、「あれっ、自分ら、ケガ人が全然いなくない？」、「これってトレーニングのおかげだよね」という話になりました。

シーズン中でも、めちゃくちゃ重たいウェイトを持ったり、めちゃくちゃ走ったりします。幾度となく、ストレングスコーチの千葉（秀哉）さんをぶっ飛ばそうかと思いました（笑）。みんなも「この間、試合だったのに、なんで、いまこれをやるの？」と千葉さんにクレームをつけることがありましたが、シーズンが終わったあとに、千葉さんやトレーナーの（仲村）愛さんたちのおかげだったと納得しました。

トレーニングをしているときは、「何、このメニュー、間違っていないよね？」とキレそうになることが本当にあったのですが、その一方で、シーズン中のコンディションのよさを実感できました。練習や試合を重ねると、もちろん疲れますが、その疲れにも強くなったといいますか、結果的に「千葉さん、ありがとう」とみんなが言っていました。

自分たちはこれまでにも「優勝したい」と言ってきましたが、それを実現するためには必要なトレーニングがあります。だからこそ、千葉さんはいろいろな指標を出してくるわけです。皇后杯の決勝でENEOSに負けたときは、「ENEOSと点の取り合いをしている時間がこれだけあった」、「そのときのENEOSは、これくらいのスピードで、これくらいの距離を走れていた」、「ウチは前半こそそれについていけたけど、後半に入ってだんだん落ちた」といった指標を出し、丁寧に説明してくれました。

しっかりと分析してくれるので、すごく飲み込みやすかったですし、自分たちが目指さなければいけないところを理解できました。でも、トレーニングの前に何かとそれを言ってくるので…。「それを言えばいいと思っているでしょ。こっちは疲れているんだよ。100％のチーム練習をして、そこからトレーニングもしなきゃいけないんだから」とそのときはブツブツ言っていましたが、千葉さんが言い続けてくれたおかげで頑張れたのです。

チーム内のコミュニケーションがどんどん増えていった

そういう意味では、なんでも言い合える雰囲気がありました。もちろん、試合に出ているかどうかで、言いやすい、言いにくいといったことはあったと思います。

ルーカスは「どう思っているのか？」と積極的に聞いてきました。試合の前日練習でみんながシュートを打っているときに、ルーカスと椅子を突き合わせながら、一人何分という感じで面談をすることもありました。ルーカス自身が、選手の疲れや何を思っているかをきちんと引き出そうとしてくれたのです。練習の様子を見て、緊張している感じがあれば、「大丈夫、信じているから。そんなに力を入れなくてもいいよ」と。自分がいつも言われるのは、「エブリンはあまり考えないで」ということでした。「お願いだから、何も考えないで自由にやって。好きにやって」と。それで気持ちがほぐれました。「ヘッドコーチが『考えないで』って言うんだから、何も考えなくていいや」みたいな感じになれたのです。

コーチと選手に限らず、選手同士にも、先輩後輩に関係なく、こうしてほしいと言える雰囲気がシーズンを通してあったと思います。山本とプレーすると、「ダンさん（エブリンのコートネーム）、こっちに動いてほしかった」とハッキリと言ってくれますし、西澤（瑠乃。2020-2021シーズン限りで現役引退）さんにしても脇（梨奈乃。今シーズンからアイシンウィングス）にしても、「エブリンは焦って行きすぎるところがあるから、パスを散らしたほうがいいよ」と試合中に言ってくれます。プレータイムに関係なく、指摘し合えるところは助かりました。

ベンチメンバーも試合の流れをしっかりと見てくれていました。ファイナルに向け、チーム内のコミュニケーションがどんどん増えていきました。

新シーズンもチャレンジャーの気持ちをまた持って戦う

優勝直後のフラッシュインタビューで「歴史を変えました！」と叫びました。2021-2022シーズンも、もちろん優勝したいです。前回の優勝に固執してやり方をすべて継続するのではなく、変えなければいけないところは変えようと考えています。前回とまったく同じ状況ではありませんし、チャレンジャーの気持ちをまた持って戦います。迎え撃つ立場ではなく、チャレンジャーとして、自分たちからやってやるぞという気持ちで新シーズンに臨みたいと思います。

コロナ禍でなければ、優勝を決めた夜は、みんなでご飯を食べに行ったり、ワーッと盛り上がったりしていたでしょう。しかし、それはかなわない状況でした。何をしていいかわからず、結局は、「ここはこうだったよね」、「ここはパスしたかったんだよね」などと言いながら、みんなでまじめに朝まで試合を見返しました。ちなみに、自分はチームメイトからダメ出しされました。

優勝したと言っても、まだ1回です。その1回はもちろん貴重ですが、それにあぐらをかくようなチームでも選手でもありません。むしろ、自分からどんどん向かっていく選手たちなので、新シーズンもチャレンジャー精神で戦っていきます。

トレーナーが語る「潤滑油としての役割」

スポーツにケガはつきものである。だからこそ、それを予防し、
受傷後にはよりよい状態で復帰へと導くトレーナーの存在が欠かせない。
選手のことを第一に考え、ときには選手とコーチ陣との間で
「潤滑油」になってチームを支えた、トレーナーの奮闘を記す。

© W LEAGUE

第3章

「トレーナーが現場にいるメリットはなんでしょうか。それは、その場でケガ予防に対するマネジメントができることです」

証言者 **仲村愛**

仲村 愛（なかむら・あい）

1987年生まれ、埼玉県出身。明治大学、日本鍼灸理療専門学校卒業。鍼灸あん摩マッサージ指圧師。明治大学男子バレーボール部の選手ほか、多種目にわたってアスリートの治療に携わってきた。2013年から2018年まで富士通レッドウェーブのトレーナー、2019年からアンテロープスのトレーナーを務める。

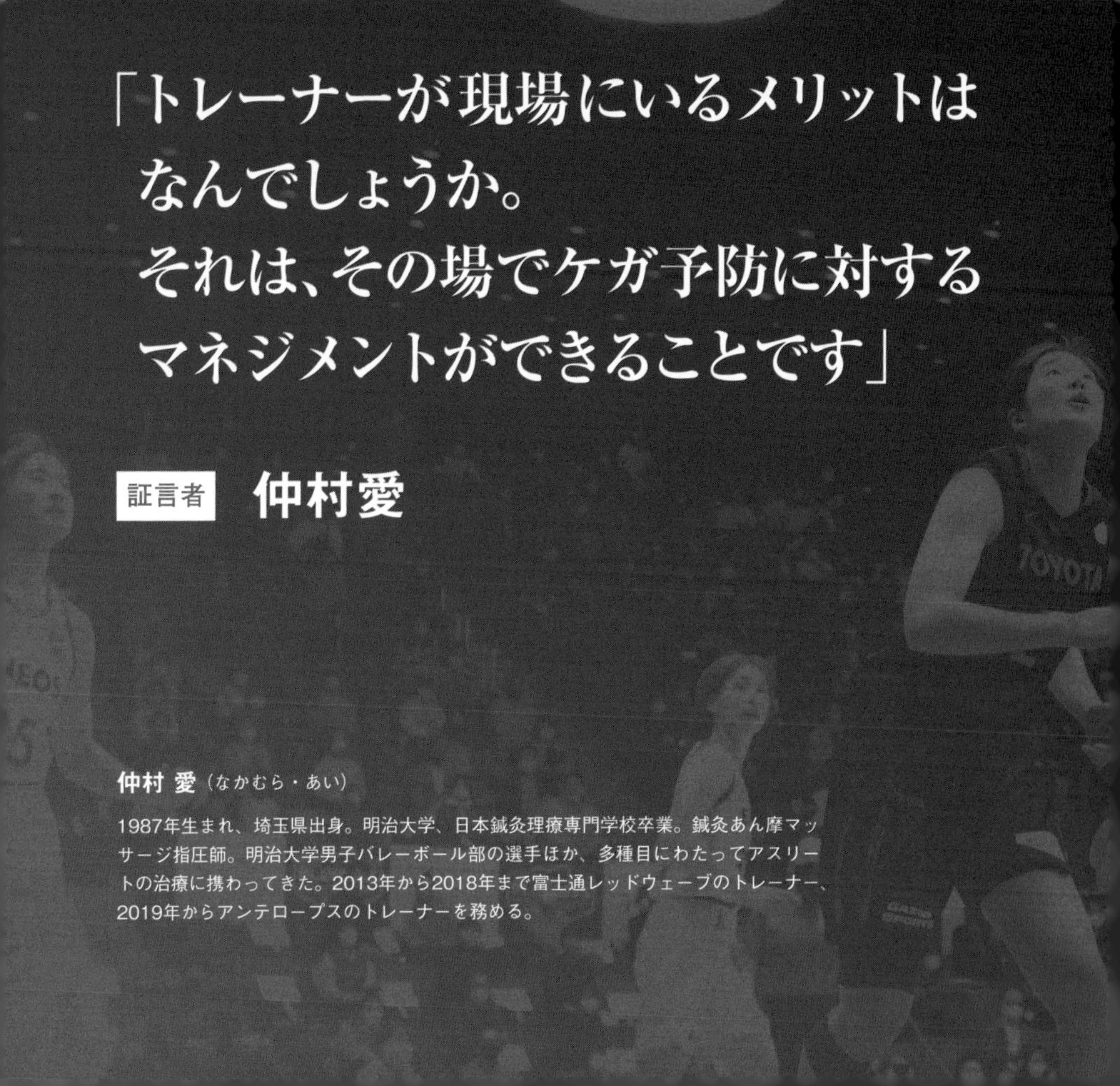

優勝は「当たり前のことをきっちりとやっただけ」

優勝した瞬間、すぐには実感が湧きませんでした。選手たちも周囲から「おめでとう」と言われて実感が湧いたのだと思いますが、私がその瞬間に思ったのは「優勝するときって特別なことはしていなかったな」という感覚でした。

私は以前、富士通のトレーナーを務めていました。その時代を含め、また皇后杯も合わせると、2020－2021シーズンのWリーグが5回目のファイナルでした。これまでは、ファイナルに勝つために「これをやった!」、「今回はここを新しくした」と、変えたことだけに焦点を向けすぎていたように思います。ですから「これだけのことをやったけど、勝てなかった」という感覚しかありませんでした。

今回優勝したときに感じたのは別の感覚です。「当たり前のことをきっちりとやっただけ。選手もスタッフも、全員が一人ひとりの責務を果たしたから勝った」という感覚が、私の中で一番しっくりきました。

「何か特別なことをやったんですか？」と聞かれますが、最低限のことをきちんとやってきただけです。逆に、これまではその最低限さえも実はきちんとやれてこなかったから勝てなかったとも言えます。それが、優勝したまさにその瞬間に思ったことでした。本当に特別なことは何もしていなかったのです。

選手の素質、能力、日々の努力と、ルーカス・モンデーロヘッドコーチたちが取り入れた戦略や戦術なども、優勝の要因として挙げられると思います。それに加えて、私の立場で言えば、トレーナーとしてやるべき最低限の実務を質を上げてやれたことが勝因なのかなと思います。

私自身のケアの仕方は変えていません。選手自身ができるセルフケアや選手自身のリカバリーのマネジメントに対するアプローチを、ストレングスコーチの千葉秀哉さんと協力してやったことが、大きいかもしれません。

これまでも、例えば、体のこの部位に張りが出たらこんなセルフケアの仕方があるよということは選手たちに伝えてきました。これはWリーグレベルに限らず、学生でも同じだと思うのですが、選手たちは、チーム練習や自主練習にはしっかりと取り組む割に、リカバリーの時間は意外ととらないものです。

わかりやすく言うと、ウォーミングアップはしっかりとやるのに、クールダウンはおざなりになっているイメージです。実はそのクールダウンこそがその後のパフォーマンスに大きく影響していることは、まだまだ理解されていないような気がします。

しかも、休むだけがリカバリーではありません。リカバリーには「アクティブリカバリー」もあります。また、リカバリーだけでなく、リコンディショニングも大切です。特にシーズンに入ると、試合に出ている選手と出ていない選手で運動量に差が出てしまいます。出ていない選手としては、出ている選手と同じくらいの運動量まで持っていかなければ、コンディショニングの維持は難しいのです。その差を埋めるために、オフの日にどのように動かなければいけないのかを千葉さんからアプローチしてもらいました。それは、方法論というよりはマインドセットのほうが大きいでしょう。

結局のところ、トレーニングにしろ、練習にしろ、リカバリーさえも、私たちが選手たちにやりなさいと言えば、いくらでもできると思います。しかし、大切なのは選手自身が必要だと思ってできるかどうかです。2020-2021シーズンは、そこへのアプローチに関して、従来よりも一層やってきたかなと思います。

「バスケットの練習をした上で、コンディションを整える」

リカバリーは「回復」という意味です。硬くなった筋肉をマッサージなどでほぐすこともそうですし、食事でのリカバリーもあります。練習後には食事を摂りますが、タンパク質が足りない場合はプロテインで補充するといった栄養面でのリカバリーも、これにあたります。前述したように、リカバリーと言っても、ただ単に休むだけがリカバリーではありません。試合の翌日はバイクなどで軽い有酸素運動を行い、溜まった乳酸を少し流してあげたほうがいいのですが、そうやって動くのもリカバリーです。これが「アクティブリカバリー」です。

私たちは、アンテロープスに入って以来、「いかに上手に回復するか」をテーマとして掲げてきました。疲労するのは決して悪いことではありません。疲労してもうまく回復させ、最終的に上がっていけばいいのです。私たちの世界には「超回復」という言葉があります。運動後、24時間から48時間ほどの休息をとることで筋肉が自力で回復し、

バスケットの練習をした上でコンディションを整える

リカバリー
食事
アクティブリカバリー
マッサージ
足りない栄養を補充する
溜まった乳酸を軽い有酸素運動で流す
硬くなった筋肉をほぐす

運動前よりも強い体になろうとする現象を言います。

一方で、回復し切れずに次に進むと、コンディションは当然落ちます。特にＷリーグはシーズンが半年くらい続くので、長期の視点で見なければなりません。最終的な目標であるファイナルに到達したときにコンディションが落ちていたら、勝てないのは目に見えています。ファイナルのときにコンディションが上がった状態でなければいけないのです。

もちろん、バスケットの練習もやらなければなりません。すると、疲労は溜まります。溜まった疲労をいかにゼロに戻すか、もしくはプラスアルファに上げていくか、それがコンディショニングだと考えます。

「コンディションを整える」と聞くと、一般の人にとっては「疲れが溜まってなければいい」というイメージだと思います。しかし、疲れを溜めないために休みばかり増やしていたら、パフォーマンスは上がりません。休めばいいというわけではなく、バスケットの練習をした上で、コンディションを整えるのです。それは疲労させないのではなく、パフォーマンスをピークに持っていくことだと思います。難しいところですが、間違ってはいけない部分だと思います。

外傷・障害の要因

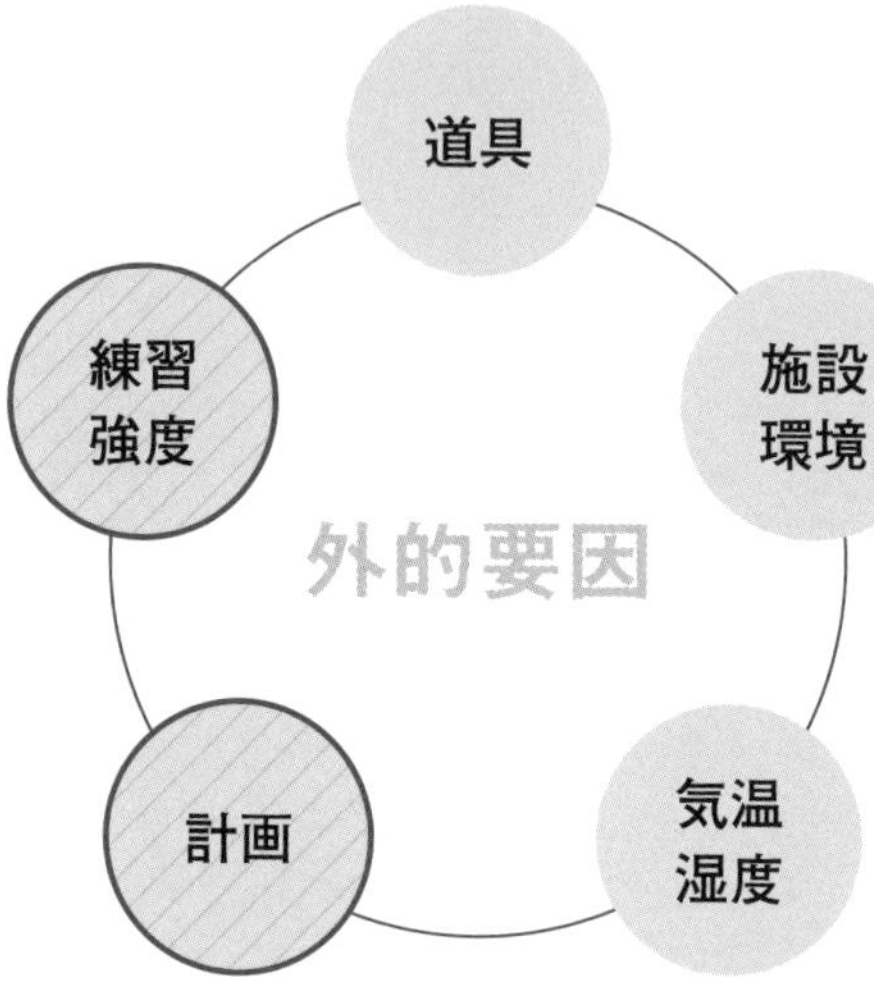

いいコンディションづくりにはどの要素も欠かせない

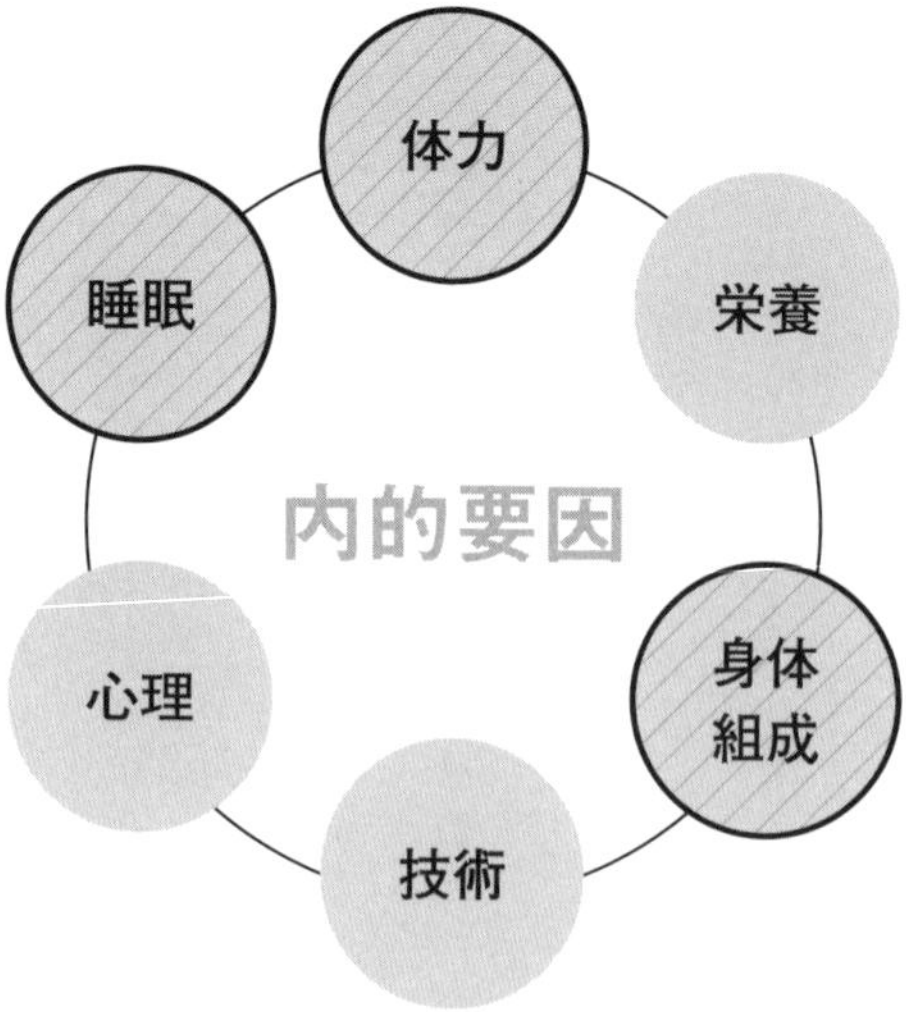

パフォーマンスを落とさないための「駆け引き」

コンディショニングにおいては、パフォーマンスを落とさないようにするために、疲労を残さないことが大事です。しかし、練習すれば、疲労はどうしても溜まります。行ったり来たりする中で、いかにパフォーマンスを上げていくかが、私たちの仕事で一番おもしろいところでもあります。もちろん難しいのですが、ほんの少しの駆け引きで、成果が１００にも０にもなるわけです。

ここで言う「駆け引き」とは、練習の強度を上げる、下げるということもありますが、それだけではありません。細かいところですが、この選手のパフォーマンスがちょっと下がっていると判断したら、疲労が溜まっていることによるものなのか、筋力が低下していることによるものなのか、その原因を見極めなければなりません。

しかし、それは一つの情報だけでは見えてきません。千葉さんと相談して、その選手の体重の推移を見たり、大腿部や足の脚径囲などを測って、筋量がどう変化しているのかを見たりします。体脂肪もチェックします。その選手のパフォーマンスが上がっていないのが、疲れによるものではなく、シンプルにトレーニング不足によるものだとしたら、それに対するアプローチもします。

単純にオーバーワークであれば、休めるようにトレーニングのボリュームをコントロールすることもありますし、リカバリーに時間を費やすこともあります。そういう意味での「駆け引き」です。

アンテロープスでは「キネクソン」という加速度センサーを使い、練習の強度を見ています。それで分かることを千葉さんが選手にきちんとフィードバックしてくれたので、選手自身のマインドが変わったと思います。トレーニングや練習に対する取り組み方が変わりました。

おもしろいのは、千葉さんがリカバリーをポイント制にしたことです。例えば、練習後にプロテインを飲んだら10点、セルフストレッチを10分やったら15点、交代浴を行ったら20点、といった具合。項目は睡眠時間を含めて13ほどあり、その中から「なんでもいいから、毎日１００点以上を稼いでください」と伝えました。すると、選手たちがおもしろがり、リカバリーに励んでくれました。そこは、千葉さんの持っていき方がすご

リカバリーのポイント制（見える化）

目標ポイントを設定することで
リカバリーをより意識して行える

く上手だったと思います。

選手たちはポイントを意識し、「何を飲んだらいいですか？」、「きょうはどんなリカバリーをしたらいいですか？」と私に聞いてきます。その回数が増えたように思います。言われたことをただ単にやるのではなく、選手が自分から発信するようになったのは大きな変化だと思います。

選手たち自身が自分の体を理解し、それをよりよくするためには何をしなければいけないかを考えることが重要です。そうやって選手自身で考えられる力は、バスケットの面でもそれ以外の面でもすごく大事だなと改めて感じました。

私自身の意識も変わった皇后杯での敗北

2020-2021シーズンについて言えば、選手たちも口々に話していることだと思いますが、皇后杯での敗戦がターニングポイントになったと思います。もちろん負けて悔しかったですし、負けてよかったとは思いません。しかし、あの敗北があったからこそ、選手たちが変われましたし、私自身の意識も変わったのです。

皇后杯のときは、選手も私自身も、自信をすごく持って試合に臨んでいました。勝てればいいなではなく、勝ちに行くという気持ちでした。それまでとはマインドがまったく違っていたのですが、それでも勝てませんでした。「じゃあ、何をしたら勝てるんだろう？」とすごく考えました。これまでも負けてきて、そのたびに考えてきたつもりでしたが、それでも足りませんでした。負けた原因はなんだったのかと探り、「じゃあ、これをもっとやってみよう」と、ストレングスコーチの千葉さんや一緒にトレーナーを務める三村舞（理学療法士／アシスタントトレーナー）と試行錯誤しました。そして、後半戦のコンディショニングに努めました。

まずはヘッドコーチからの信頼を得る

もちろん、私たちがコンディショニングの質を高めたいと考えても、ヘッドコーチがそれを受け入れてくれるかどうかは別問題です。そういう意味では、１年目の２０１９

ー2020シーズンは、ルーカスからの信頼を得なければいけませんでした。スペインと日本の考え方には差があります。私たちが「これをやりたいんです」と提言しても、ルーカスはすぐに「いいよ」とは言ってくれません。

スペインのコーチはケガに関する知識がすごく豊富で、専門的なことを話したつもりでも、「ああ、それね」と答えがスッと返ってきます。以前、Jリーグの方に話を聞いたときに「スペインのコーチは自分でチェックできるくらいケガの知識が豊富だ」と話していたので、やはりそうなのかと感じました。中途半端な準備でプログラムを提示しても簡単に弾かれてしまうので、準備を入念にしましたし、コミュニケーションをまめにとるようにしました。

例えば、ケガ人が出て、「その選手をこの試合に間に合わせたい」とヘッドコーチから求められたとします。そういう場合、トレーナーとしては、「可能だが、調整がちょっと必要」というケガが一番難しい対応を迫られます。前十字靭帯やアキレス腱の断裂といった大ケガであれば、どうしたってすぐには復帰できません。そうではないレベルのケガをしたときに、求められたゲームに向け、どのようにしてピークに持っていくか、そのためにどういう調整をしていくかといった細かい部分については、私や三村、千葉さん、そして2人のアシスタントコーチがすごく密にやらなければいけないところでした。

もちろん、ルーカスは私たちトレーナーの意見をきちんと聞いてくれます。私たちはいくつかのリスクマネジメントを行い、「こういうやり方もあるし、こういうやり方もあるけど、私としてはこれがベストだと思います」と伝えていました。最終的に決断するのはルーカスなので、「ルーカスはどうしたいですか？」と聞き、両者が納得した状態で選手に落とします。そうしないと、「私はこう言ったのに、ヘッドコーチが……」、「ヘッドコーチはこう思っているけど、トレーナーが……」といった感じで疎遠になります。それだと、選手一人ひとりに対して、きちんとしたバックアップができません。チーム内に亀裂を生む原因にもなってしまいます。

まずは選手に状況を伝え、選手の意見を抽出します。その上で、「じゃあ、ルーカスにはこういう方向性で話を持っていくね」と伝え、ルーカスと話します。そして、ルーカスと私と選手が納得した形で復帰へと向かう流れでした。

大きな捻挫をした安間志織を復帰させるまで

一つの好例と言っていいのは、安間志織のケースです。実は、彼女は２０２０－２０２１シーズンの終盤に大きな捻挫をし、２週間程度リハビリをしていた期間があったのです。通常であれば、損傷した部位をきちんと修復した上で復帰させなければいけません。そこは間違ってはいけない基本のルールです。

しかし、そうなると確実に２週間休まなければいけません。その期間には、西地区の首位を争っていたデンソーとの試合（２０２１年２月27日、28日）がありました。当然、ルーカスとしては、彼女抜きでその試合を戦うことは考えられません。では、そこに合わせた1週間だけバスケットをすればいいかと言えば、それだと、ケガの状態はよくなっても、トータル的なバスケットのコンディションには持っていけません。その微調整が必要でした。

コーチや千葉さんと密に連携をとった背景をお話しします。安間の捻挫については、復帰までのスケジュールをデータとして残しています（１６２ページからを参照）。

１月30日に受傷し、翌31日になると、足首がパンパンに腫れていました。３日目から皮下出血が顕著に現れ、踝《くるぶし》の周囲が真っ青になりました。一般的には、受傷後48時間から72時間は急性期と言われ、「ＲＩＣＥ（ライス）」処置を行います。もちろん、今回も同様の処置をしました。それと同時に、腫れをできるだけ早く引かせるために、早い段階で温熱を開始しました。それに関しては、私が彼女の患部を触り、翌日には熱感がとれていたので、腫れを引かせることを優先して判断しました。

前述した通り、３日目に皮下出血のピークが来ましたが、４日目には前から撮った写真で筋がちゃんと見えていました。踝の外側の表面には色が出てきていました。出血ですが、血を表面に流すみたいなイメージなので、ネガティブになる必要は決してありません。

腫れがあるのは、そこの靱帯や組織を傷めている証拠です。復帰過程ではそこに腫れを出したくありませんし、残したくもありません。血液は重力で下に落ちてくるものですが、とにかく患部の腫れを引かせることを優先し、治療にあたりました。

受傷４日目の２月２日にはくるぶし自体がしっかりと出てきました。２月３日には骨格がしっかりと見えていました。2月4日になると、患部の腫れはほぼ消失。皮下出血も引いてきて、全体的に筋が見えるようになりました。2月5日の時点では、くるぶしの前にくぼみがしっかりと出ていました。

結果として、ターゲットにしていたデンソー戦のときには患部の腫れはなくなり、コンディションを上げた上で、試合に出すことができました。

ところが、軽度ではありましたが、その第2戦で捻挫をしてしまったのです。さすがにドキッとしましたが、すぐに切り替え、次のターゲットであるプレーオフに向けてどう回復させるかを考えていました。

前の捻挫から1カ月以内だったので、足全体の筋力が落ちたり、細かい機能の低下があったりなどで、再受傷のリスクが高くなります。そのため、本来であれば、期間をきちんと設けて再受傷しないようにする、ケガをする前よりも強い体にする、それがリハビリなのです。

安間の2度目の捻挫は、ほかの選手の足の上に乗ったアクシデントでした。それは防ぎにくいところですし、どの選手にも起こり得るケガです。それでも、私たちトレーナーは、アクシデントだから仕方ないで完結させてはいけません。どんなケガも防げた可能性がありますし、ケガをしたときとその前後のコンディションからリスクを抽出し、同じことを繰り返さないように対応しなければいけないのです。

幸いにも、２回目はそれほど重度の捻挫ではありませんでした。そして、デンソーに勝ったことで西地区１位が決まり、クォーターファイナルを戦わずに済みました。ルーカスには、「セミファイナルには万全の状態で臨ませます」と伝えました。リハビリとリコンディショニングの期間を得ることができたのは、その後のチームと安間自身にとって大きかったと思います。

ストレングスコーチ、アシスタントコーチと連携して

安間のケースを例として挙げましたが、どんなに大事な試合でも主力選手でも、プレーができないようなケガの場合は、やはり休まなければいけません。そこは絶対に変わらないベースです。

今回のケガはそのラインではありませんでした。だからこそ、フォーカスした試合に

いかにベストコンディションに持っていくかが大事になりました。そのためには、トレーナーだけで抱えるのではなく、コーチや千葉さんと協力しなければいけませんでした。トレーナーはそういったことをマネジメントする役割を担っています。

「多少なりとも通常よりも速いペースでリハビリを進めて復帰させることにはリスクがあります」とヘッドコーチにきちんと提示した上で、最終的にはヘッドコーチが判断を下します。そういう意味では、ヘッドコーチ、選手、トレーナー間のコミュニケーションがすべてだと思います。もちろん、これはWリーグレベルでの話です。

安間の場合は、私が患部の状態を常にチェックしていました。患部の治療は私の担当ですが、状態をチェックした上で、「この動きはやっていい」といった患部外のリハビリメニュー、例えば、お尻のトレーニングメニューなどを三村につくってもらいました。千葉さんには患部外のウェイトトレーニングを見てもらい、ほかの部位の筋力低下が起きないようにしました。この時期はバスケットの動きはほとんどできませんが、その場で行うハンドリングなどは可能なので、アシスタントコーチに見てもらい、3方向から選手のサポートを実施しました。

その後、負荷をかけられる状態になったら、強度を徐々に上げていき、問題がなければ、次の段階へと進みます。リハビリ過程において、そろそろ走れる状態に持っていけるなと判断できたら、必要な動作改善や確認を走る前に行わなければならないので、千葉さんと共有しながらフォームなどをチェックします。そこからジョグに移行。ある程度走れるようになったら、また千葉さんにお願いし、強度をさらに上げます。

最終的に、前後に走ることも横に動くこともできるようになったら、アシスタントコーチに介入してもらい、バスケットの実際の動きをスキルワークでやります。このように、トレーナー、ストレングスコーチ、アシスタントコーチが連携して、選手のサポートを行う流れを繰り返し実施します。

【試合で最大の力を発揮するためのコンディショニング】

モニタリングはチーム練習でも続きます。練習中から加速度センサーを見てくれている千葉さんと、「練習をここまで上げましょう」、「負荷がちょっと高いから、リカバリーをちょっと多めにしてください」といった情報共有を行っていました。コンディションが落ちるか落ちないかのギリギリのところを攻めないと、それを上げていくことはできません。落としすぎてもいけませんし、上げすぎてもいけません。〝On the edge〟の見極めを常に行うために、それぞれのスタッフと密に連携をとったのが2020－2021シーズンだったかなと思います。

シーズン中は、基本的に毎週末に試合があります。トレーニングや練習のボリュームと強度をコントロールしながら、ターゲットにする試合に向け、100％以上の状態をつくり上げていきます。もちろん、どの試合でもそのときに出せる100％の力を出さなければいけないのですが、そこはリーグ戦ならではの戦い方があります。私たちは、ターゲットの試合でチームとしていかに最大の力を発揮するかを常に逆算しながら考え、選手たちのコンディショニングをつくっていきます。

うまくいかないときもあります。リハビリの過程においては、「この時期にジョグまで進みたかったけど、状態が思わしくない」といったときがあるのです。そういう場合はそのままでは進めずに、患部の状態に応じて対応しなければなりません。

それによって、予定が少しずれ込むことがあります。ずれ込んだときにどう対応するかを含め、最初の時点でパターンをいくつか用意しておきます。

「理想はこのスケジュールだけど、患部の状態によっては、この試合には間に合わないかもしれない」といったことをルーカスに必ず伝え、その上で、「その場合はここまでにこう持っていこう」とルーカスと話し合いました。ヘッドコーチとトレーナーの意向を必ず合致させた上でリハビリをするようにしていたわけです。

「アイシングは重要だが、アイシングだけではダメ」

ケガについて言えば、ある程度大きなケガをしたときは、まずはドクターに診てもらいます。骨折なのか、靭帯の損傷なのか、半月板の問題なのか、まずはきちんとその原因を知ることが第一になります。前述した通り、プレーしてはいけないケガについては、治療期間をきちんと設けてリハビリをする必要があります。

正直なところ、多くの人は捻挫については甘く見ている印象があります。「ただの捻挫でしょ？」と言いますが、靭帯損傷や軟骨損傷など、組織的にダメージを受けていることを忘れないでほしいと思います。

捻挫にもⅠ度、Ⅱ度、Ⅲ度と程度があります。本来であれば、靭帯の修復には2週間は必要だと言われています。病院で足関節を固定するのは、靭帯にストレスをかけずにきちんと治すためです。一方で、2週間も動かさないと癒着が起きます。つまり、関節が固まるのです。そうなると関節の可動域が低下するので、それに伴う痛みが出たり、新しいケガを引き起こす原因になったりすることがあります。患部をきちんと治しつつ、癒着を起こさせないようにアプローチすることが、リハビリでは重要になってきます。

患部に負担をかけないためには、同じ荷重のトレーニングであっても、「この角度はダメだけど、これはやっていい」といった見極めが必要になります。その見極めをするのが私たちの仕事。ギリギリを探るイメージです。同じ角度でも、足をついて体重を乗せたときの角度と体重をかけないでやる角度は違います。ある意味で、その見極めはトレーナーとしての醍醐味と言っていいかもしれません。

ケガへの対処は、トップアスリートも一般のアスリートも、基本的には一緒だと思います。もちろん、ケガの内容や、それが初めてのケガなのか、それとも2回目なのかによって、少し異なってきます。

「アイシングは治療を遅らせる」という記事を読んだことがありますが、確かに、それも間違ってはいません。ただし、捻挫の直後から温熱がいいかと言えば、それは少し違うように思います。捻挫の直後は血管が傷ついて腫れている状態なので、そこに温熱を入れたら、腫れるだけです。しかも、熱を持つので、余計に痛みます。捻挫の直後にアイシングという処置は、やはり間違っていません。むしろ、アイシングをしなければいけないのです。

実は、そこから温熱に切り替えるタイミングがすごく難しいのです。患部の熱感がとれていて、出血も収まっているのに、延々とアイシングをしていたら、血流が滞って治癒を遅らせます。ですから、私は熱感がある程度とれてきたら、早い段階で温熱に切り替えます。練習後は熱を持つので、患部を動かしたあとに一度アイシングをしますが、アイシングだけの治療はしません。

練習の直後はしっかりとアイシングをし、患部の熱を一度しっかりと治めてあげます。その後、温浴などをすることで血流を促し、老廃物を出していきます。アイシングがダメということではありませんし、アイシングはむしろ重要です。ただし、アイシングだけではダメということを知識として持っておいたほうがいいと思います。

加えて言うと、同じ度合いの捻挫でも、その対応は人によって異なります。仕事柄、「捻挫したんだけど、どうすればいいですか？」とよく聞かれますが、私は患部の状態を見て、触って、自分で確認した上で、治療のプログラムを立てます。

また、「足首を捻挫したので、テーピングの仕方を教えてください」とも聞かれます。基本的なテーピングの巻き方はもちろんありますが、その人の状態を見た上で、テーピングのテンションや巻き方を変えなければいけません。

万人受けするテーピングはないというのが正直なところです。一つ言えるのは、捻挫した直後はアイシングと圧迫。それは間違っていないと思います。

外で血が出たら、圧迫止血をしますが、ここでいう「圧迫」は、そのイメージに近いでしょう。患部の出血を出さないようにするために圧迫するわけです。なぜかと言えば、腫れた状態が長く続けば続くほど、組織の治癒率が低くなってしまうからです。ケガをしたあとに腫れをいかに出さないかが、すごく大事になります。

その場でケガ予防に対するマネジメントができる

私は、練習中から千葉さんとずっとしゃべっています。「あの選手はこうですよね」などと選手の動きを見ながら、体の状態をチェックしているのです。

ケアに入る際には原因をチェックします。例えば、選手がヒザの痛みを訴えたときは、シンプルにヒザに問題があるのか、あるいは、原因はヒザではなく、筋肉が張った影響でヒザが痛くなっているのかといったことをチェックします。

後者であれば、筋肉を張らせている原因がなんであるのかをまたチェックします。股関節の動きに問題があるのならば、動きそのものを変えなければいけない可能性が考えられます。シンプルにオーバーワークが原因なのか、それとも、その練習強度に耐えられる筋力がないからなのか、そこをきちんと見極めなければいけません。

その上で、「この部位がこういう状態なので、このあたりの動きに介入してほしい」と千葉さんや三村に伝え、個別に対応してもらいます。さまざまなリスクとその要因を常に共有し、そのときそのときで対応を考えているのです。

そういった対応が、２０２０－２０２１シーズンのいい状況につながったのだと思います。前述した安間のような突発的なケガはあったものの、慢性的な大きなケガでリハビリをする選手はいませんでした。

一方で、懸念していることがあります。それは小さい頃からずっとバスケットをしていながら、自分の体のことを知らない選手が多い点です。自分を知らないと言い換えてもいいでしょう。

体の状態を聞いても、「足首がなんか硬いんだよね」としか返ってきません。「なんか硬い」ではなく、どうしてそうなったのかを選手の視点から発信できなければいけないと思います。しかし、実際にはそれができていない選手が多いのです。自分の体と向き合えていない証拠でもあります。

私は、「自分の体を知ることが一番大事だよ」と選手たちに伝えるようにしています。それもトレーナーの仕事の一つです。自分の体のことが分かってきた選手は、私に相談したり、「こういう動きがうまくできないんだけど」と千葉さんに聞いたりするようになります。河村美幸は、それで走り方が大きく変わりました。

トレーナーはケガの治療やリハビリをする人だと、多くの人がイメージすると思います。マッサージをする人とイメージするかもしれません。確かに、それらは重要な役割です。むしろ、メインと言ってもいいでしょう。

ただし、私個人の考えとしては、それは現場にいなくてもできることです。だとすれば、私たちトレーナーが現場にいるメリットはなんでしょうか。それは、その場でケガ予防に対するマネジメントができることです。

そもそも、トレーナーの多くは医療資格を持っています。ですから、治療やリハビリができるのは最低限の仕事だと思います。そこからどうしなければいけないかを考えるのがポイント。選手がケガをしたときに復帰への道筋をどのようにつくっていくか、それこそがケガに対するマネジメントです。

私たちは、あくまでもサポートスタッフです。一番上にいるヘッドコーチをサポートするスタッフです。どうすれば、チームがコンディショニング的に円滑に進んでいけるのか、そして、優勝できるのかを考え、それをサポートするのがトレーナーとしての役割だと考えます。２０２１－２０２２シーズンも、そこは変わらずに続けつつ、その質をより上げていきたいと思います。

経過		治療内容
●午前練習(11:15頃) ●5on5、オフェンス ●ジャンプからの着地の際に、ほかの選手の足を踏んで内反捻挫 ●受傷直後:骨に異常なし、前距腓靱帯に圧痛(+) ●時間の経過に伴い、関節内に腫れ(+) ●患部への負荷を避けるために松葉杖を使用(免荷)	PM:体育館 寮	● ICE+圧迫(20min) ●立体動体波(①) ●3D MENS(MCR) ● MCR+超音波(3MHz/20%/0.20) ● ICE ⇆ 圧迫+MCR *0:00まで上記の繰り返し ●ロキソニン服用
●関節に腫れ、外踝《そとくるぶし》に腫れ ●皮下出血(+) ●患部の熱感が消失 ●本日から温熱開始(短時間)	AM:体育館 寮	※治療のみ、安静 ● ICE+圧迫(20min) ●立体動体波(①) ●3D MENS(MCR) ● MCR+超音波(3MHz/20%/0.20) ● ICE ⇆ 圧迫　●温浴 ●立体動体波(①) ●3D MENS(MCR) ● MCR+超音波(3MHz/20%/0.20)
●熱感なし ●関節の腫れが軽減 ●外踝下に皮下出血(++) ●内踝下に皮下出血(+) ●アキレス腱周囲に浮腫(+) ●背屈制限あり ●本日から歩行開始 ● AMに比べ、浮腫が軽減 ●足背の腱周囲がスッキリした ●熱感なし		● ICE+圧迫 ●温浴(指グーパー) ●立体動体波(①) ●3D MENS(MCR) ● MCR+超音波(3MHz/20%/0.20) ●ドレナージュ *患部の腫れを流すことで治癒を促進する。皮下出血は広がるが、問題なし

安間志織選手の捻挫発生(重度)から回復までの経過記録

**ENEOSとの大一番を前に、チームスタッフが一丸となって
回復に努めた経緯を時系列でたどる。**

患部経過

1月30日

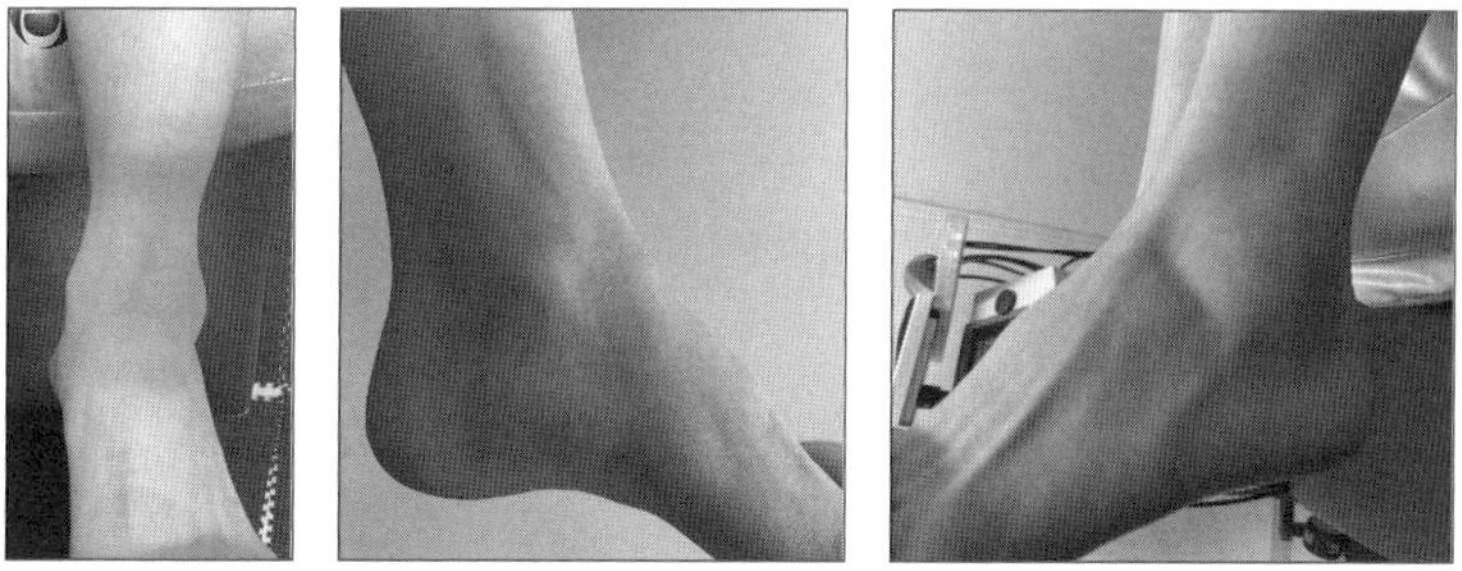

1月31日

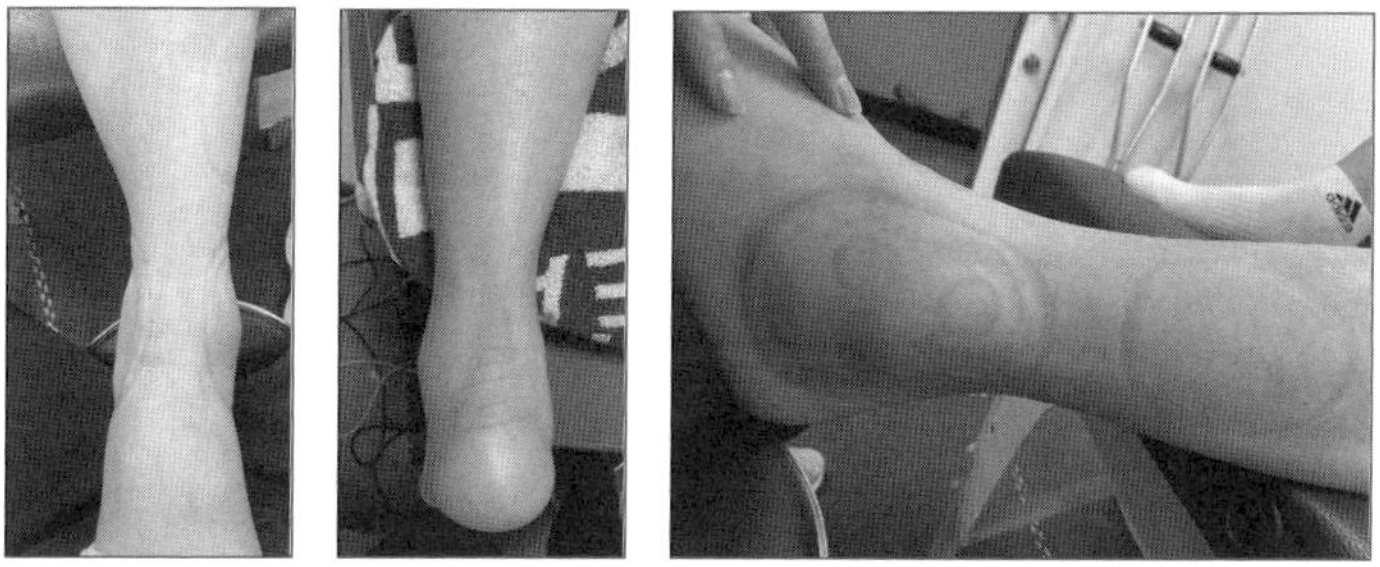

2月1日
(AM)

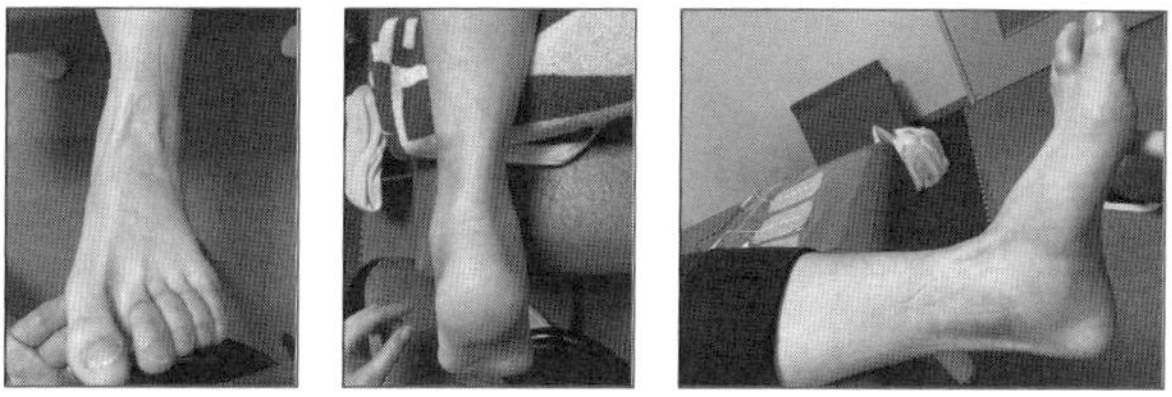

2月1日
(PM)

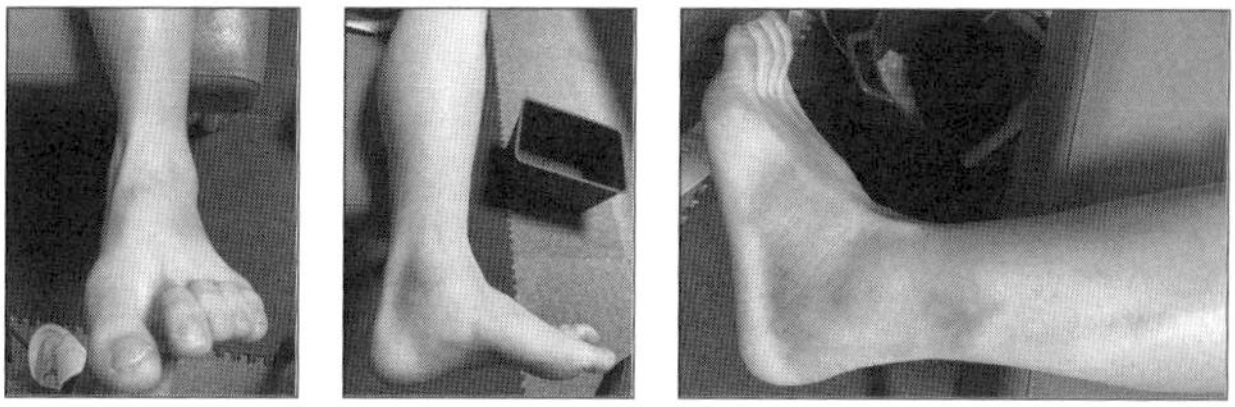

経過	治療内容
●関節の腫れが軽減 ●前距腓靭帯上の腫れが消失 ●足背の浮腫が消失 ●皮下出血が軽減、腓骨筋滑走に圧痛(+)、荷重での痛みはなし ●荷重でのリハビリ/トレーニング可 ● Power-max (middle power)可	●温浴(指グーパー) ●立体動体波(①) ●3D MENS(MCR) ● MCR + 超音波(3MHz/50%/0.50) ●ドレナージュ
●皮下出血に改善傾向 ●可動域制限、痛みなし ●縦／垂直方向の動作問題なし ●ジョグ可 ●その場でのシューティング(ジャンプ)可 ●オフェンスの動作問題なし(50%)	●温浴(指グーパー) ●立体動体波(①) ●3D MENS(MCR) ● MCR＋超音波(3MHz/50%/0.50) ●竹踏み ●ストレッチボード
●皮下出血が消失 ●朝は浮腫がややあったが、練習後に改善 ●可動域問題なし ●コンタクトトレーニング可	**練習前** ●温浴(指グーパー) ● Hi-vol② ● MCR＋超音波(3MHz/50%/0.50) ●竹踏み ●ストレッチボード **練習後** ● Hi-vol② ● MCR + 超音波(3MHz/50%/0.50)

患部経過

2月3日

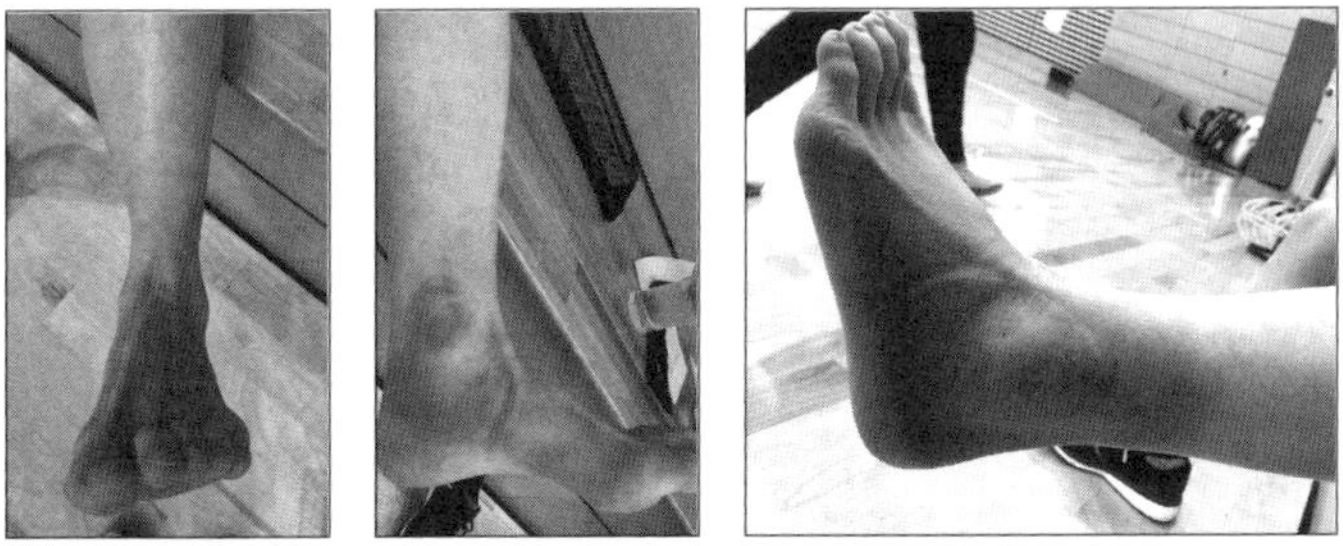

2月5日

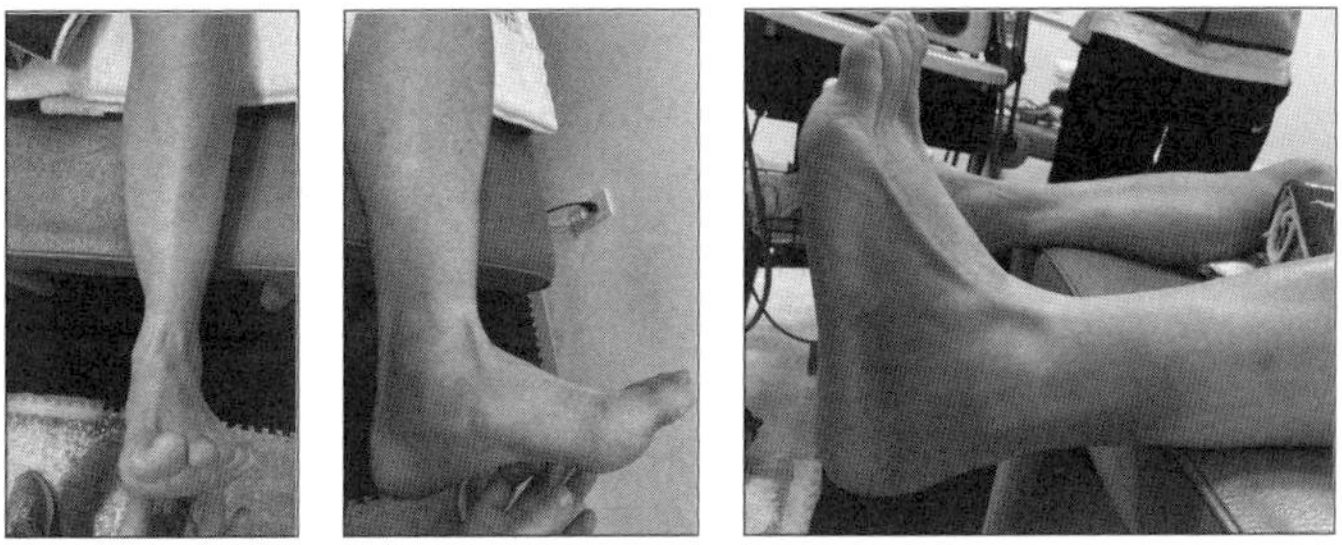

2月7日

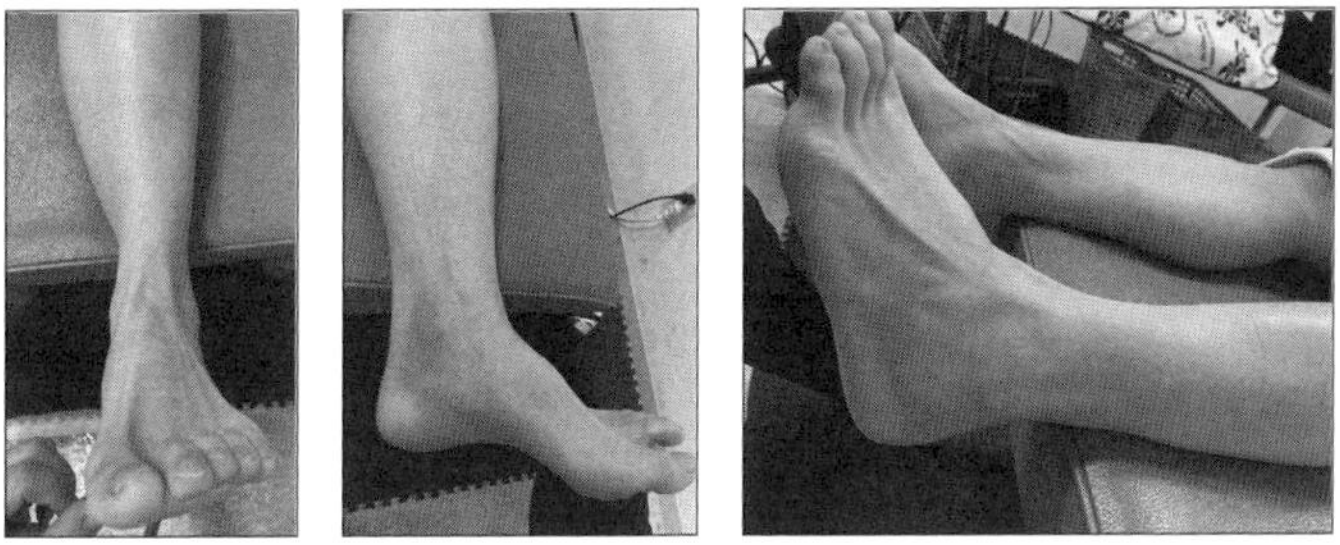

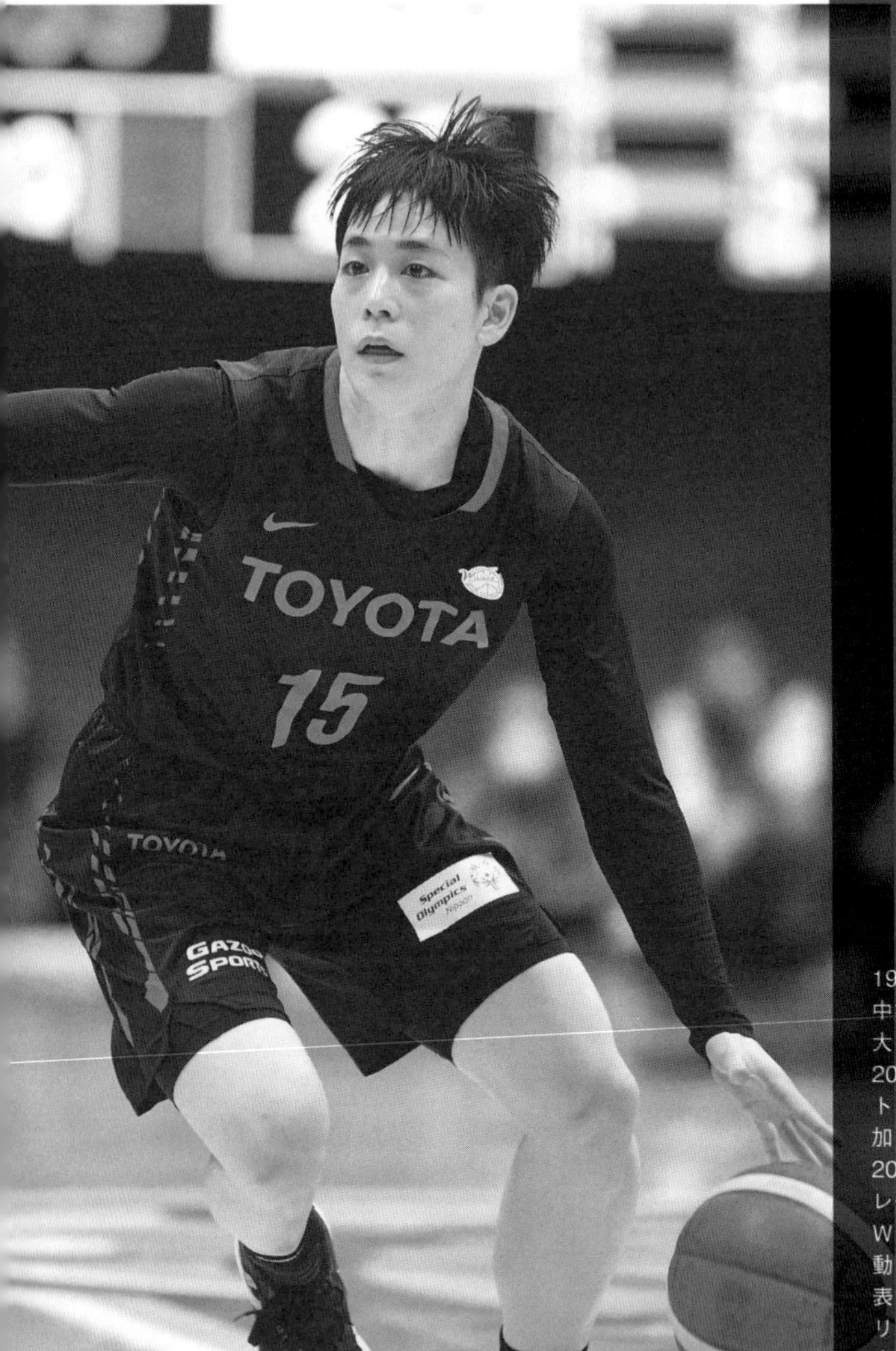

© W LEAGUE

歴史を変えた
選手たちの声
Vol.4

安間志織（やすま・しおり）

1994年生まれ、沖縄県出身。中村学園女子高校から拓殖大学に進み、大学4年時の2017年１月にアーリーエントリーでアンテロープスに加入した。4年目の2020-2021シーズンに大活躍。プレーオフでＭＶＰになるなど、Wリーグ初優勝の大きな原動力になったほか、日本代表入りも果たした。東京オリンピック出場は逃したが、大会後の2021年８月、ドイツ・ブンデスリーガに所属するアイスフォーゲルUSCフライブルクへの海外移籍が決まった。

皇后杯の逆転負けで、チームとして本当に一つの束になった

アンテロープスは「優勝できる」とずっと言われてきました。皇后杯の決勝では後半にひっくり返されるという負け方をしてしまったのですが、あの試合は勝てたと思います。しかし、その負けからチームが一つになった気がします。Wリーグのプレーオフに入ってからはチームのまとまりをすごく感じました。何が起こっても「必ずチームで解決できる」、全員がそう声をかけ合っていました。

それまでは、ゲームの中で自分たちの流れではないときは、みんなが暗くなって声を出さなくなったり、「あれ、違うな」と思いながらも自分だけで解決しようとしたりするなど、チームがバラバラの状態でした。しかし、皇后杯の経験から、Wリーグのプレーオフでは、流れが悪い中で誰かがミスしても、「大丈夫だから。みんなでカバーして、こういうことをしよう」と言えるようになっていました。

試合に出ているメンバーだけではなく、ベンチメンバーからも「外から見てこうだよ」と声が飛んできました。私たちは速いバスケットをやりたかったのですが、「ペースがちょっと遅いから、もう少し速くしたほうがいいかもしれない」といった声がベンチメンバーからありました。それぞれの声のかけ合いが優勝にすごく貢献したと思います。

もちろん、それまでも声を出していました。でも、どこかまとまっている感じがしません

でした。みんなが話すことに対して、それを修正しようとしていなかったといいますか…。いや、やろうとはしたのですが、一つになっている感じがどこかしなかったのです。

2020－2021シーズンのような一体感は、これまでにはありませんでした。それを改善できたのは、皇后杯の逆転負けがやはり大きかったと思います。

ENEOSとのWリーグファイナルだけでなく、富士通とのセミファイナル第2戦も、我慢の試合でした。富士通に攻められ、いいプレーができなくなったときに、「皇后杯と同じシチュエーションだから焦らないで」との声がかかりました。誰とはなしに、「大丈夫だから」、「まずはここをやろう」と発していたのです。流れが悪いときの立て直し方を皇后杯の負けから学べたのは、大きかったのではないかと思います。

そこには、選手だけでなく、コーチやスタッフを含めた全員による、絶対に優勝したいという気持ちがありました、みんなが心の底からそう思っていたからできたことだと感じます。スポーツをやっている以上、誰もが上を目指したいと思っています。個々のそういう思いがチームとして本当に一つの束になったのが2020－2021シーズンでした。

ポイントガード同士でのコミュニケーション

2020－2021シーズンのポイントガードは、私、山本麻衣、西澤瑠乃の3人でした。私がスタートで出ることが多かったのですが、リム（山本）とルノ（西澤）には意見を常に求めました。2人は「いまはちょっと遅いから、ボールをもっと速くプッシュしたほうがいい」、「あのプレーだったら、あっちを選択した方がよかったかもしれない」と意見を言ってくれます。試合中だけではなく、普段の練習から、時間の使い方や残り何秒であと何回攻めるといったことを3人で話していました。練習の5対5で対戦相手になったときでも、「さっきの残り時間のとき、セットプレーをやろうとした？　それとも速く攻めようとした？」と聞くなど、同じポジション同士でコミュニケーションを常にとっていました。

周りからの指摘は本当に助かりました。指摘された部分に私自身が気づけていなかったからです。私の中ではプッシュしているつもりだったのに、外から見るとそうではありませんでした。そのことに気づけていなかったので、「なんで、そんなことを言うの？」といった気持ちにはなりませんでした。むしろ、教えてもらっている感じで、素直に受け取れました。

そういった関係性でいられるのは、練習中からコミュニケーションをとっているからでしょう。「私の立場だったら、どう考える？」と聞けば、「私だったら、こう考える」と言ってくれますし、彼女たちのほうから聞いてくれれば、「私はこう思う」と言います。そういうコミュニケーションを当たり前のようにとっていたのです。アドバイスに対しては、「分かった、ありがとう」と素直な感じになれました。

それでも私のリズムがよくならないときは、リムやルノが交代でプレーしてくれます。コートからベンチに戻ると、「私、何がダメだった？」、「あのときの判断で、ほかに何かあった？」と聞きながら、ゲームを進めました。私の中ではそれがすごく大きかったのです。サン（三好南穂）さんもその中に入ってくれたりしました。チーム内のコミュニケーションはよかったと思います。

選手である以上、試合に出たいという気持ちは、誰にだってあると思います。ですが、そういう思いよりも、チームが優勝するために自分はどういうことで貢献できるのかをみんなが考えていました。それぞれの仕事、いまの自分がやれることをすべての選手ができていたのです。

チーム練習につなげる連携がすごくよかった

今回の優勝に関しては、チームの一体感やコミュニケーションだけではなく、ストレングスコーチの千葉（秀哉）さん、トレーナーの（仲村）愛さんと（三村）舞さんら、コンディショニングスタッフの力がすごく大きかったと思います。

ヘッドコーチが彼らに「こうして」と要求したとしても、選手の体のことは彼らのほうが詳しく分かっているわけです。彼らはヘッドコーチに対して、「この選手の状態はいまこうだから」と伝え、練習のメニューを変えてもらったり、トレーニングの量を少し減らしてもらったりしてくれました。

チームトレーニングとは別に、個別の相談ができたのもよかったです。例えば、私は、「ジャンプシュートや3ポイントシュートを打つときにボールに力が乗っていない。どういうトレーニングをしたらいい？」と相談しました。そんな感じで、ほぼみんなが個別でトレーニングをしていたと思います。そこで出たメニューに対し、みんなが自主的に取り組みました。

チームのトレーニングは基本になるもので、それ以外に自分に必要なこと、例えば、捻りの力が足りなかったり、動きに対して弱い部分があったりすると、千葉さんや愛さんたちと積極的に話しながら、練習前に各自でメニューをつくってもらいました。一人ひとりがきちんと見てもらい、その状態をルーカスに上げて、チーム練習につなげる連携が、すごくよかったと思います。

いまのアンテロープスは、自分の足りないところを自分から彼らに伝えないと、メニューをもらえないと思います。私は、自分の体について敏感だとは思いません。むしろ、疎いほうかもしれません。それでも選手であれば、「最近、シュートがなんかしっくりとこない」、「自分の中ではいつも通り打っているつもりなんだけど、なんか違うんだよな」などと思うことがあります。

そういうときは、オガさん（小笠原真人アシスタントコーチ）やシンさん（大神雄子アシスタントコーチ）にシューティングのスキルを見てもらいます。「股関節をうまく使えていないね」、「体を下から上に連動させる動きができていないよ」といった話をそこでもらい、千葉さんに持っていきます。

自分としては普段通りにやっているつもりでも、周りで見ているスタッフからすると、「大きくは変わらないけど、ちょっと違うかもしれない」といった見方をすることがあります。その場合、ただ単にトレーニングするのではなく、バスケットにつながるトレーニングをしなければいけません。「こういうことをしたい、こういうプレーにつなげたい」という考えを自分で千葉さんに伝え、「じゃあ、こういうことを一回やってみようか」とメニューをもらいます。スタッフとの連携が選手やチームを本当に大きく成長させたのではないでしょうか。

個々がレベルアップし、それがチームにうまく波及したから優勝できたのだと思います。個人がうまくなると、競争力がもともと高いアンテロープスの中で自分が試合に出るにはどうしたらいいかを考えるようになります。ほかの選手が伸びたことで「私ももっとやらなきゃ」という感じになり、それが切磋琢磨する流れにつながったように思います。

オガさん、シンさん、千葉さんのコーチングスタッフ陣は、「自分はこういうプレーをしたい。そのためにはどうしたらいい？」、「どういうトレーニングをしたらいい？」といった疑問について話しやすかったのですが、それもよかったです。

千葉さんはびっくりするほど多くの引き出しを持っています。「レン（安間）はこういうところが足りないので、バランス系をやってみよう」、「タク（河村美幸）はヒザのことがあるから、下半身のメニューをやってみよう」といった具合に、選手一人ひとりに向き合ってメニューを組んでくれました。それがめちゃくちゃありがたかったです。

ひどい捻挫からの復帰でプレーオフMVPに

2020－2021シーズンの終盤、私は練習中に左足首を捻挫してしまいました。結構ひどいものでした。その後、デンソーとのシーズン最終戦で再び捻ってしまいました。すぐにアイシングをし、プレーオフまで少し時間があったので、まずは安静にしようということになりました。

そこからはトレーナーの愛さんが患部の状態を日々見ながら、さまざまなデータを使ってチェックしていきました。当然、練習していない期間がみんなよりも生まれるわけですが、その中で、心拍数、走るスピード、これくらい走ったほうがいいという距離などの数値を出してくれました。一方で、私自身の感覚を聞いてもらいながら、復帰へのプログラムを進めていったのです。

私はトレーニングをガンガンやって体を締めたほうがいいと思うタイプですし、ゲーム前に心拍数を一度上げたいのです。練習に参加させてもらえるようになってからも、そういった話をしながら、バスケットの動きではなく、トレッドミルを利用したメニューをプラスしてもらったりしていました。

走るのは個人的に嫌いですが、そこは自分

が頑張らなければいけないところです。「今週のうちに、これくらいの数値を出さなければいけない」という基準値を出してもらい、練習ではないところで、それがどれだけできるかやっていました。チームの練習はできなくても、心拍数を上げるために頑張りました。

千葉さんや愛さんがデータを見た上で、私が「そうだよね、上げたほうがいいよね」などと言いながら、コミュニケーションをとってやっていました。

データとして数値を見ることができたのは、よかったと思います。「練習に入っていないんだから走れ」と言われるのと、「普段、ここまで走っているデータがあるけど、それに対していまはこれだけ足りていないよ。だから走ろう」と言われるのでは、後者のほうが「そうだよね」と納得できます。

実は、当初はみんな、「データなんかとって、なんになるの?」と少し懐疑的でした。なんの数字か分からないので、余計にそう思っていました。いまでもすべて詳しく分かっているわけではありませんが、「普段はこの数値だから」と説明してくれるので分かりやすく、「やらなきゃ」という気持ちになりやすいのです。

捻挫について話を戻すと、最初に捻ったときの私は、「あー、やばー。早く治さなきゃ」くらいの感覚でした。あまり深く考えるタイプではないので、それくらいの感じだったのです。もちろん、ちゃんと考えなければいけなかったのですが、手厚いサポートをしてもらっていましたし、絶対に復帰できる自信がありました。ですから、焦らずに、プレーオフでいいパフォーマンスをするためにという思いで、リハビリに取り組みました。

足首だけのリハビリメニューは舞さんが決め、そこから動きが少し入ってきたら、愛さんがやってくれました。その次に、息が上がるようなもっと大きい動きを千葉さんが見てくれました。舞さん、愛さん、千葉さんのメニュー、そして、アシスタントコーチのスキルワークをやったあと、チーム練習にフルで参加。そういう流れで復帰した結果がプレーオフMVPです。本当に感謝しかありません。

私自身はそうしたケガがありましたが、2020－2021シーズンのアンテロープス全体を見ると、各選手のコンディションがとてもよかったと思います。長期間にわたって離脱するような大きなケガをした人は誰もいません。2、3シーズン前は、ケガ人が多くて苦しみました。チーム側がそれを取り返そうという取り組みをしてくれたおかげでもあると思います。

選手たちは、それぞれの体にきちんと向き合うようになってきました。これは大きな変化だと感じます。もしそれがなかったら、ファイナルまで進めなかったと思いますし、西地区での1位通過もできなかったかもしれません。私たちはさまざまな経験をし、それを糧にしっかりと準備した結果として、優勝できたのだと思います。

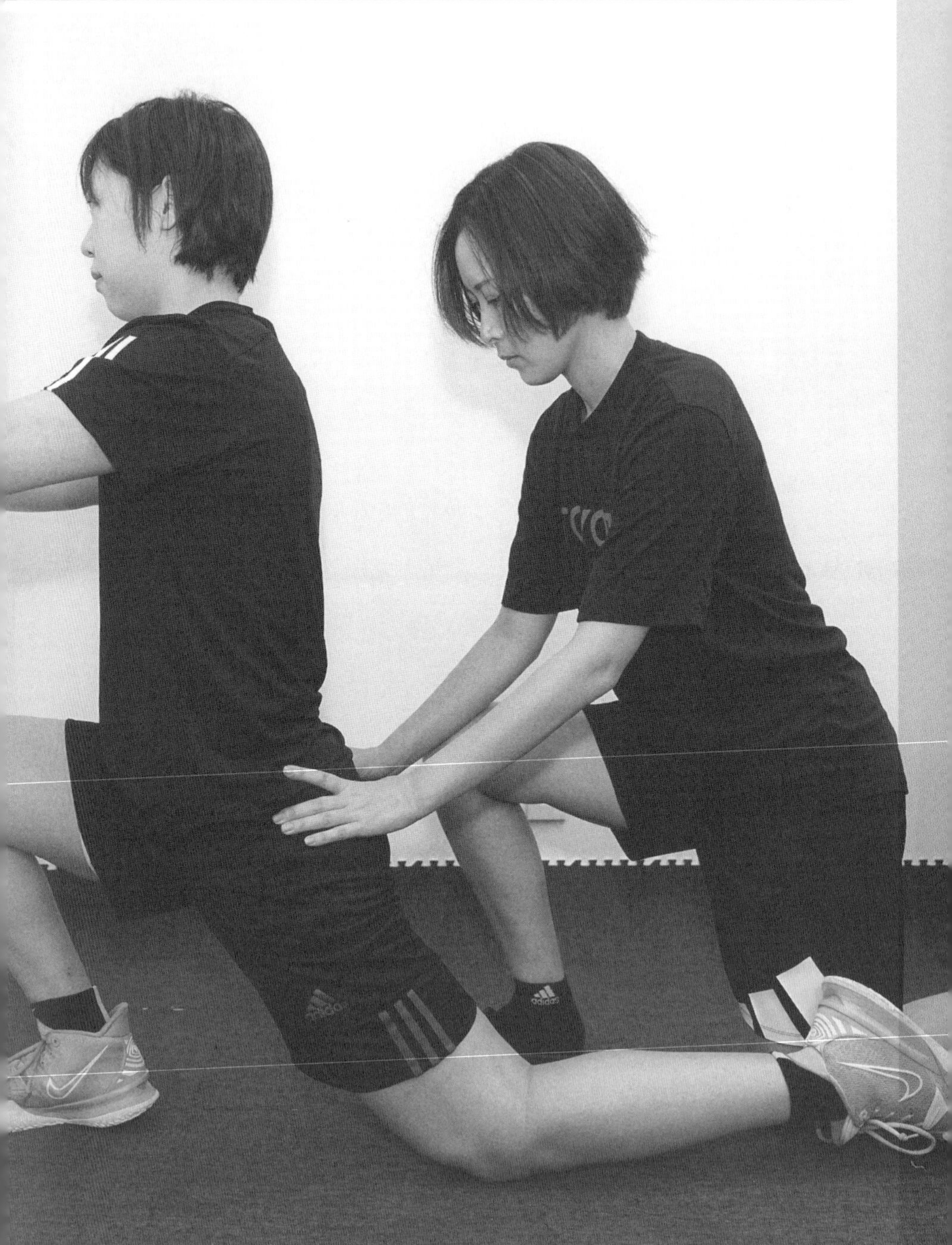

セルフケアの実践

ここからは、チームで実際に行われているセルフケアを紹介します。
決まりごととして、月に１回程度は、セルフケアを行う前に、
股関節の可動域のセルフチェックなどを実施しています。

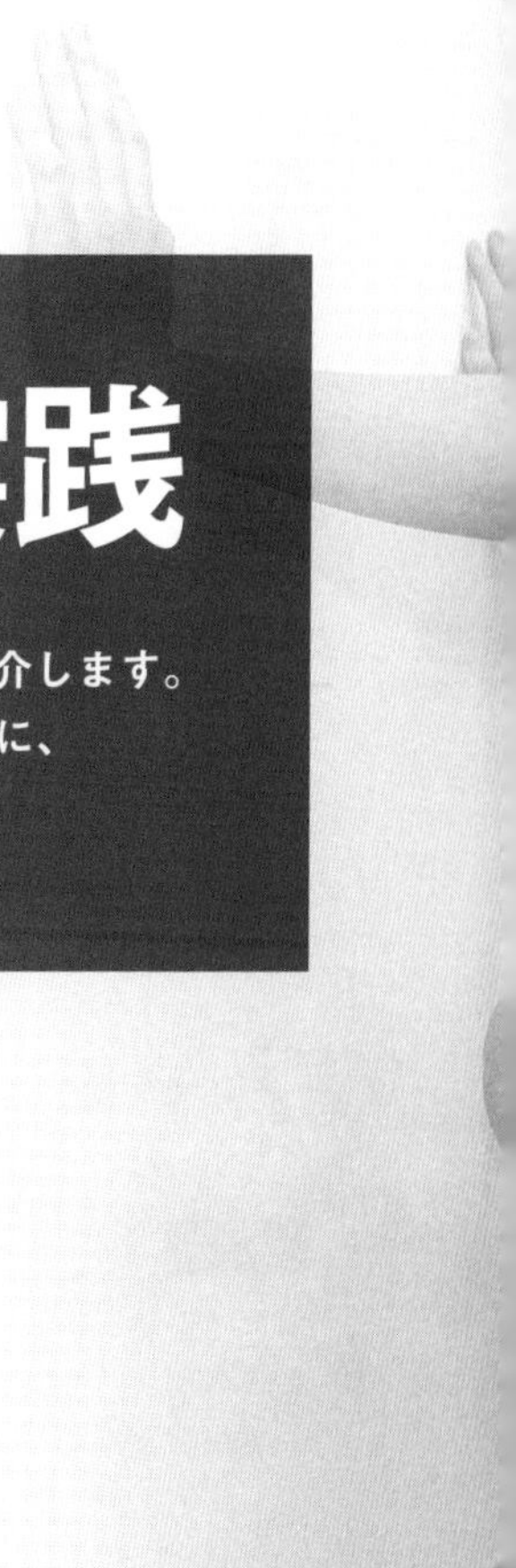

▶ 股関節の可動域をチェック

角度計を使い、股関節がどれだけ動くかをチェックする

1 前方の動き

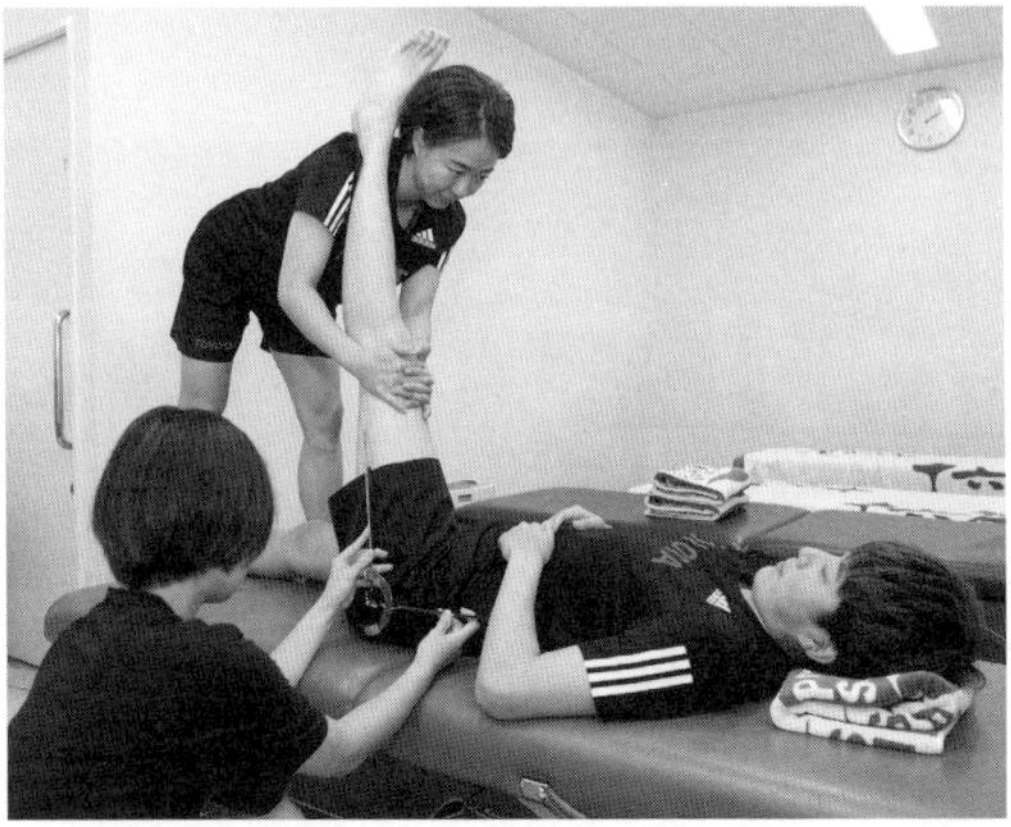

やり方

仰向けの状態から、股関節を軸に足を上げていく。ヒザを曲げずに行う

2 外転

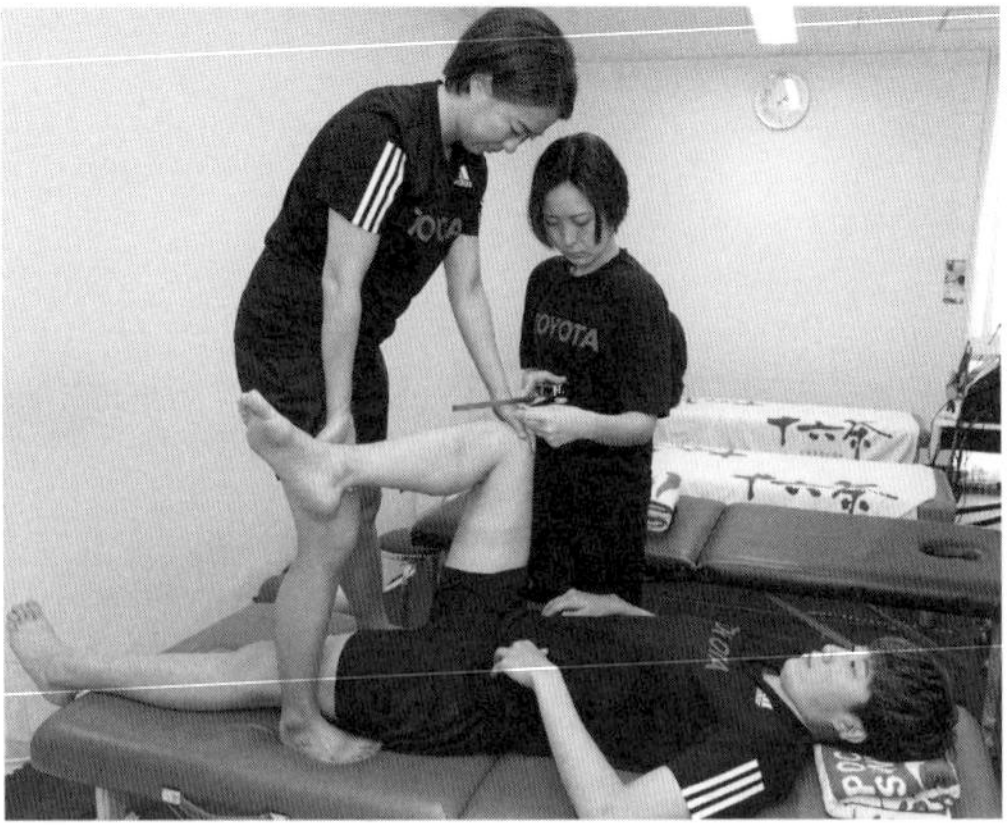

やり方

仰向けの状態から、股関節を軸に外転させる。腰のラインを基準に角度をチェックする

基本的に月１回の頻度でこれらをチェックする。ただし、ケガやコンディショニングに応じ、もっとこまめにチェックすることもある

▶ 大腿部の周計をチェック

やり方

ヒザ上約10センチを計る

これも、基本的に月1回の頻度でチェックする。ケガやコンディショニングに応じ、こまめにチェックする

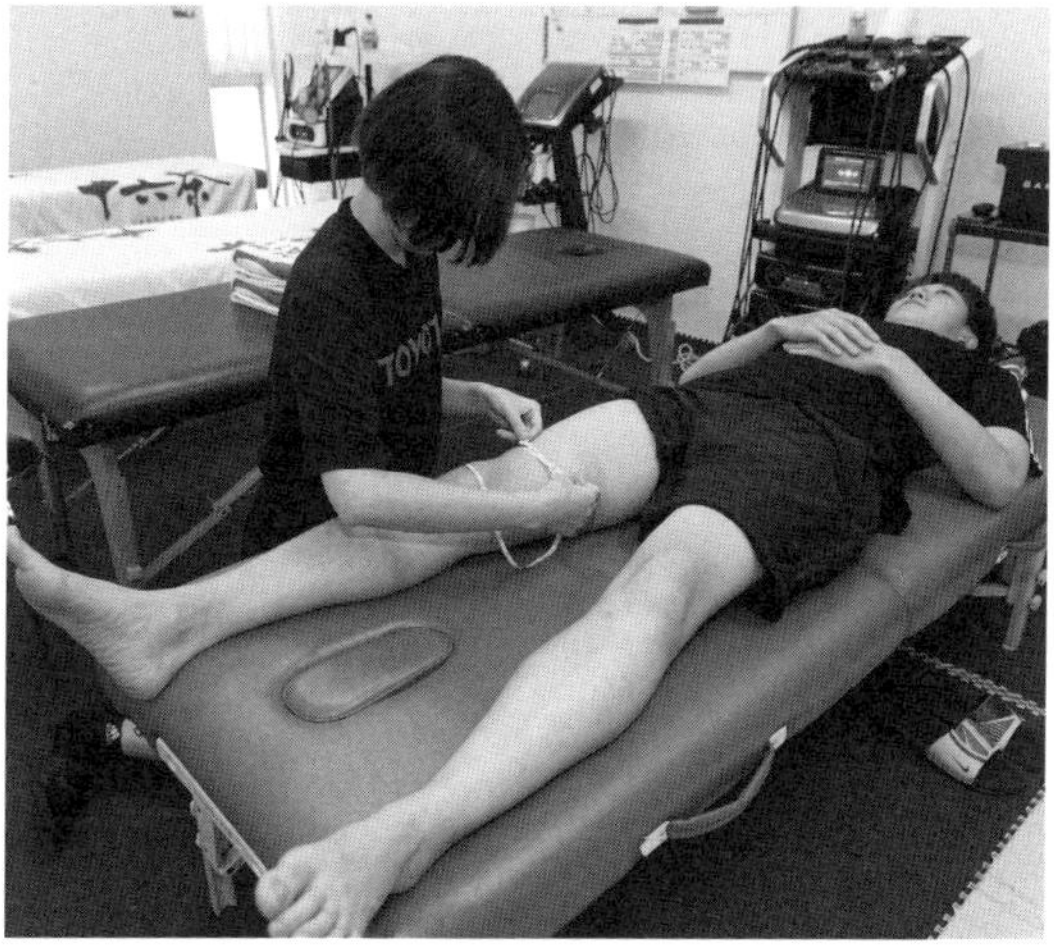

セルフケア

▶ 胸椎のストレッチ

目安とする回数（時間）

自分の感覚でほぐれてきたと感じたらOK

やり方

ストレッチポール（写真はハーフカット：半分の長さ）を胸のうしろ（肩甲骨の下あたり）に入れ、胸椎のストレッチを行う。腰を反らないようにすることが重要になる

▶ 足関節セルフケア（「安間ルーティン」）

1 竹踏み

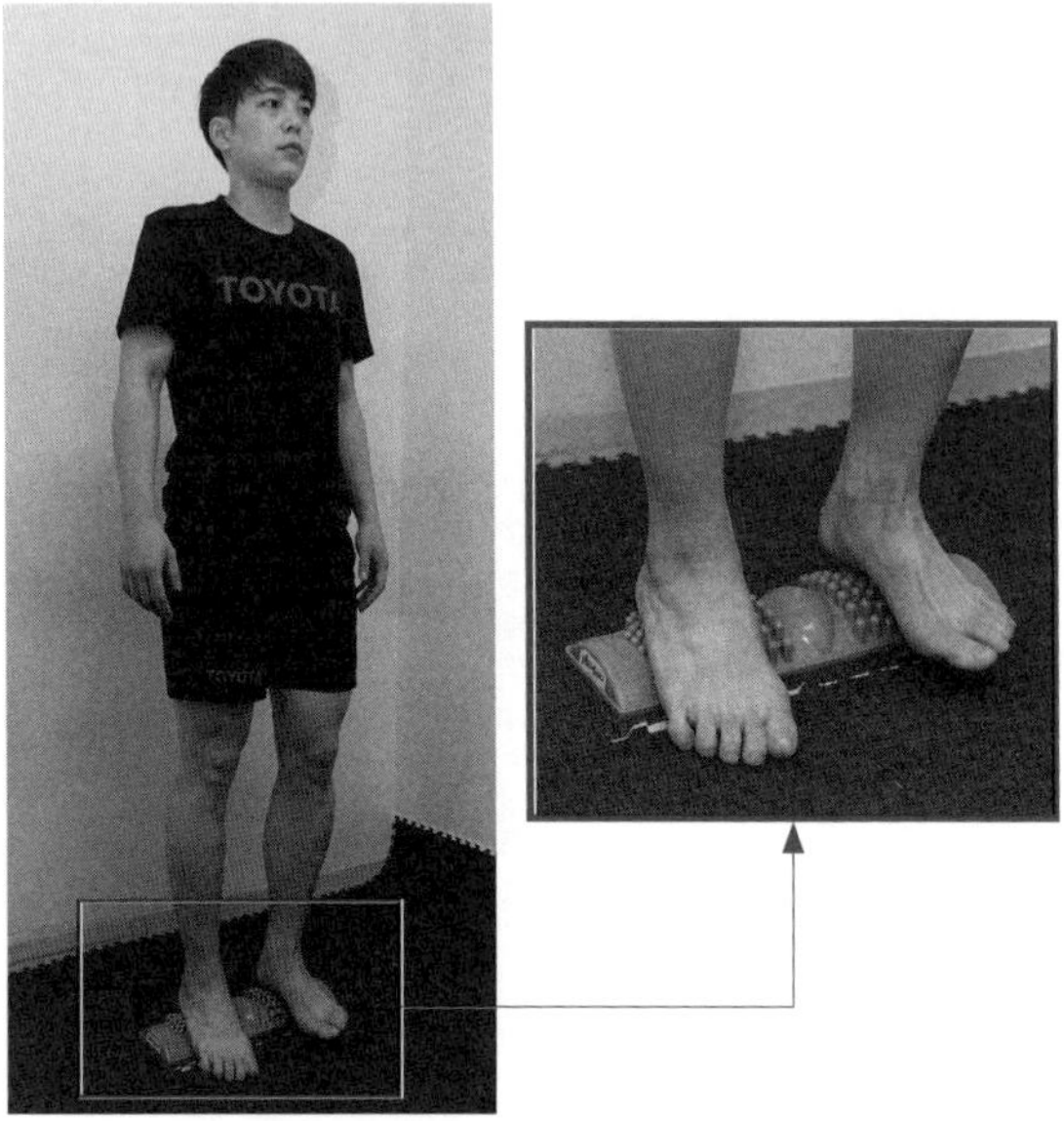

目安とする回数（時間）

自分の感覚でほぐれてきたと感じたらOK

やり方

100円均一ショップなどで売っている半円状の足踏み健康器具を使い、足底筋（足の裏）全体をほぐす

2 雪だるま

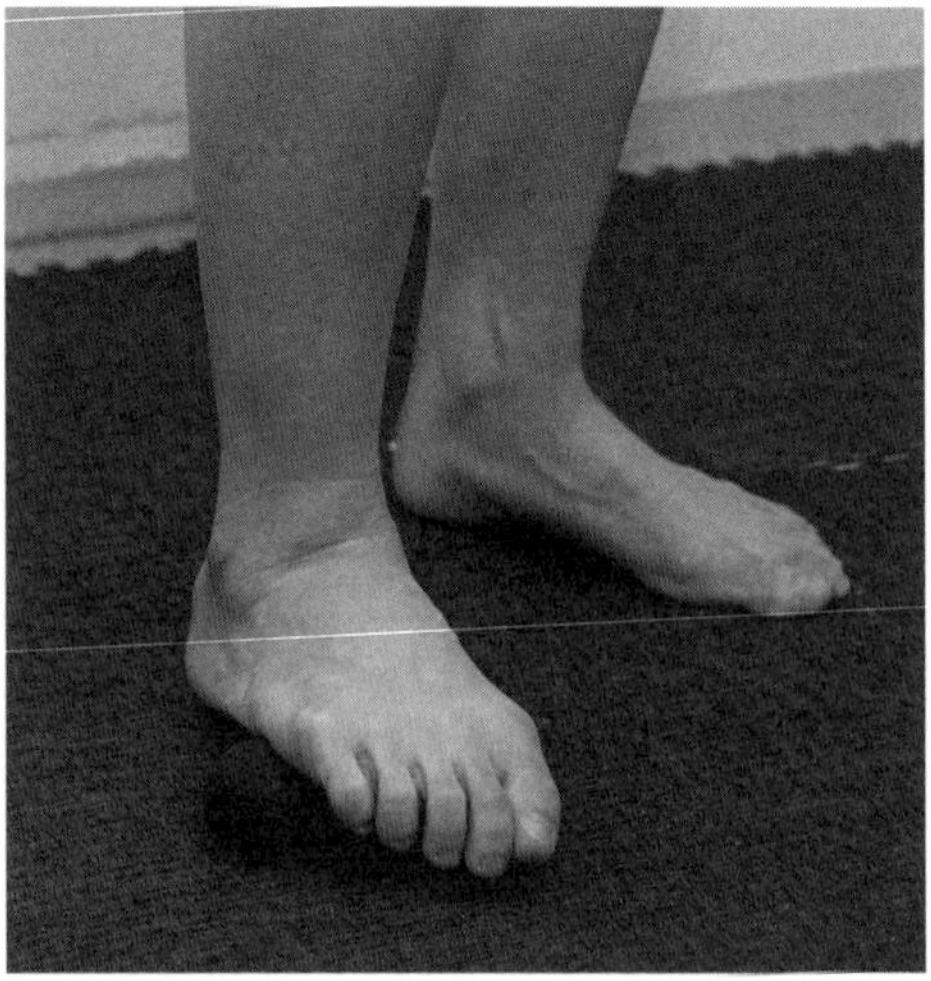

目安とする回数（時間）

自分の感覚でほぐれてきたと感じたらOK

やり方

ゴルフボール2個をテープで巻いてつくった「雪だるま」と呼ばれる道具を使い、足底筋（足の裏）を細かくほぐす。ゴルフボール1個でも可。テニスボール（硬式）などを用いているチームもある

3 ストレッチボード

目安とする回数（時間）

自分の感覚でほぐれてきたと感じたらOK

やり方

ストレッチボードと呼ばれる傾斜がついたボードの上に立ち、下肢の裏側（ふくらはぎからハムストリングス）をストレッチしていく

4 チューブ（『カエル』）

目安とする回数（時間）

10～20回

やり方

一方に足の指の間を通すところがあり、それをゴムで引っ張れるチューブ（フロッグバンドなどと呼ばれる）を写真のように足の指にセットする。足首と足の指を使ってそれを前後に動かし、屈筋（曲げるときに力が入る筋肉）群に刺激を入れていく

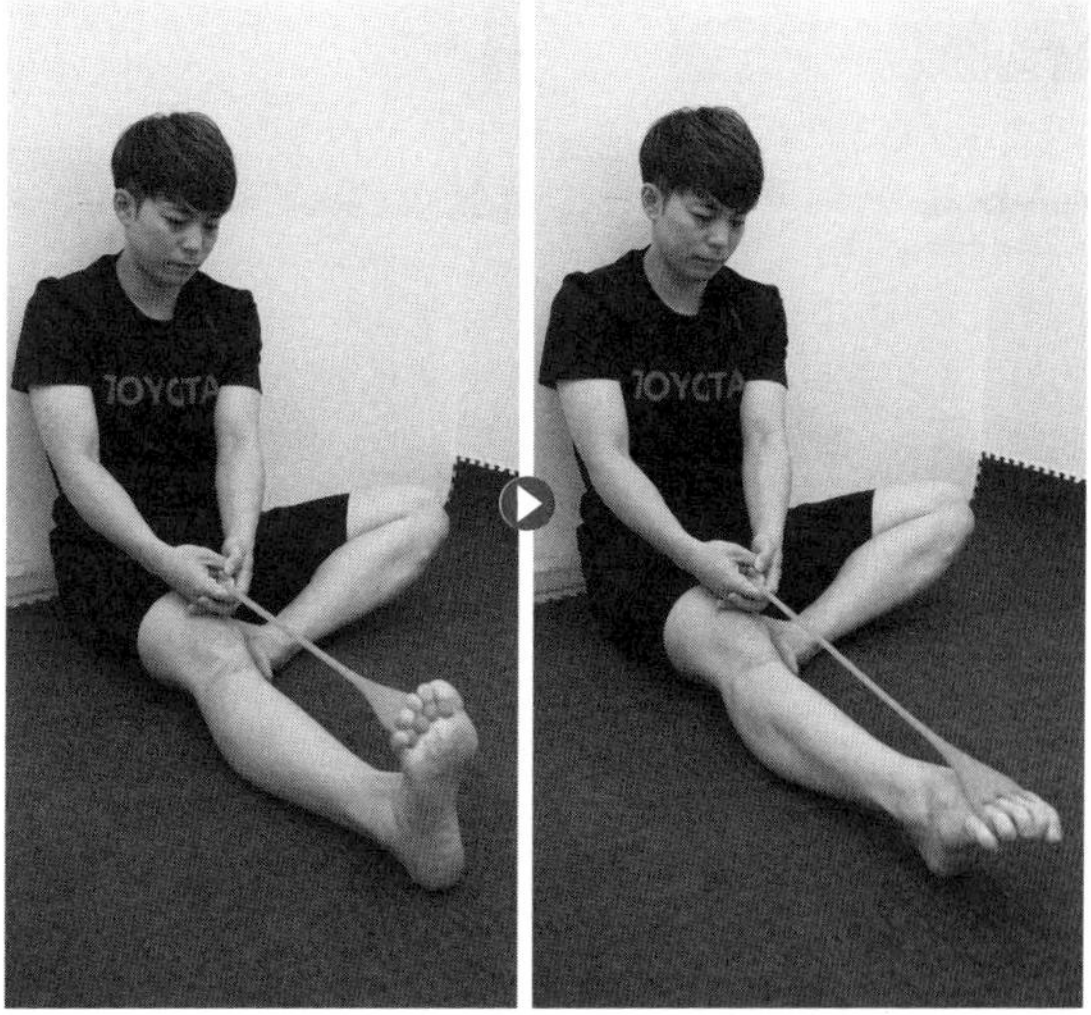

5 チューブエクササイズ：外返し①（背屈）

目安とする回数（時間）

10～20回

やり方

チューブを使って、足関節の安定性を高める。股関節が動かないように気をつけ、足関節のみを動かす。同時に腓骨筋にも刺激も入れていく

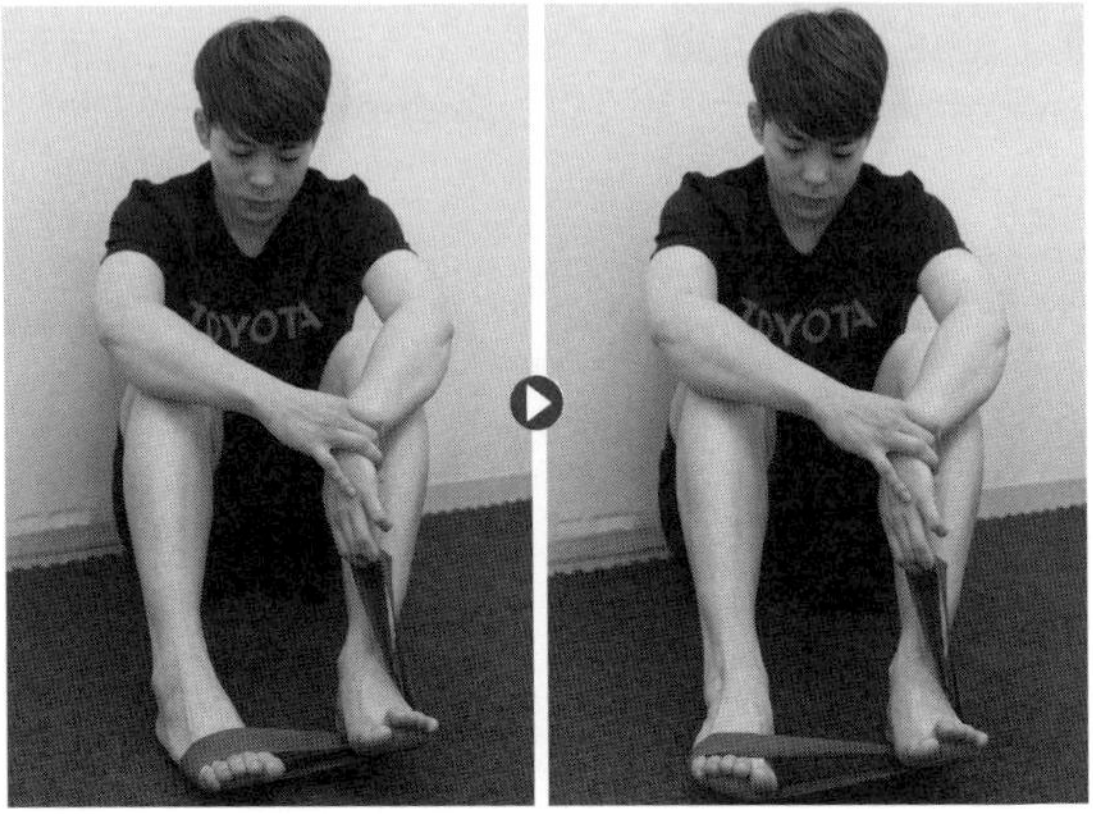

6 チューブエクササイズ：外返し②（背屈）

目安とする回数（時間）

10～20回

やり方

ヒザを伸ばした状態から、①のエクササイズを行う。狙いや注意点は①と同じだが、姿勢をわずかに変えることにより、小さな筋肉群の動きが微妙に変わってくる

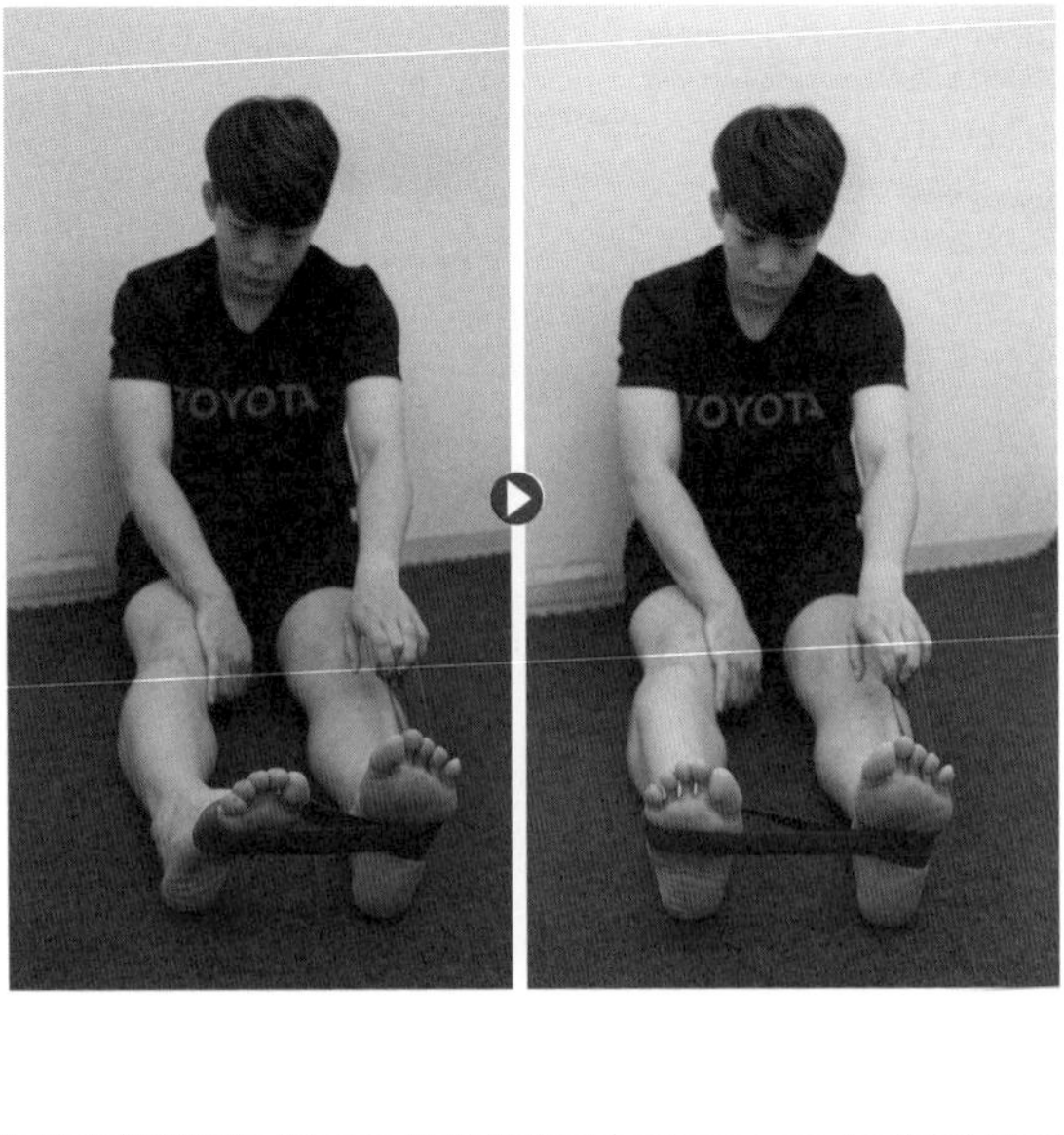

7 チューブエクササイズ:内返し

目安とする回数（時間）

10～20回

やり方

チューブを使って、足関節の安定性を高める。足をクロスさせることにより、外返しの際とは逆方向に負荷をかける。足裏にある2つの「縦アーチ（かかととぼし球、かかとと小指を結ぶ2つのアーチ）」に関わるエクササイズ

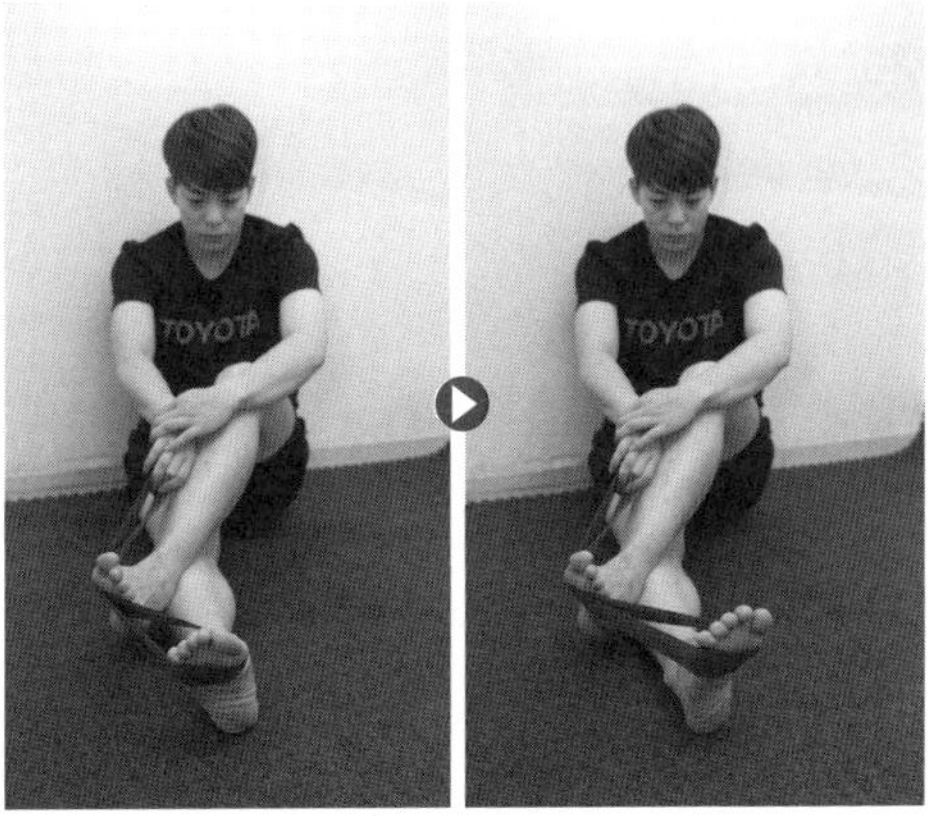

8 チューブエクササイズ:背屈

目安とする回数（時間）

10～20回

やり方

チューブを通した爪先を持ち上げることにより、足関節の安定性を高める。屈筋群が優位に働く傾向があるため、日頃から刺激を入れることが重要になる

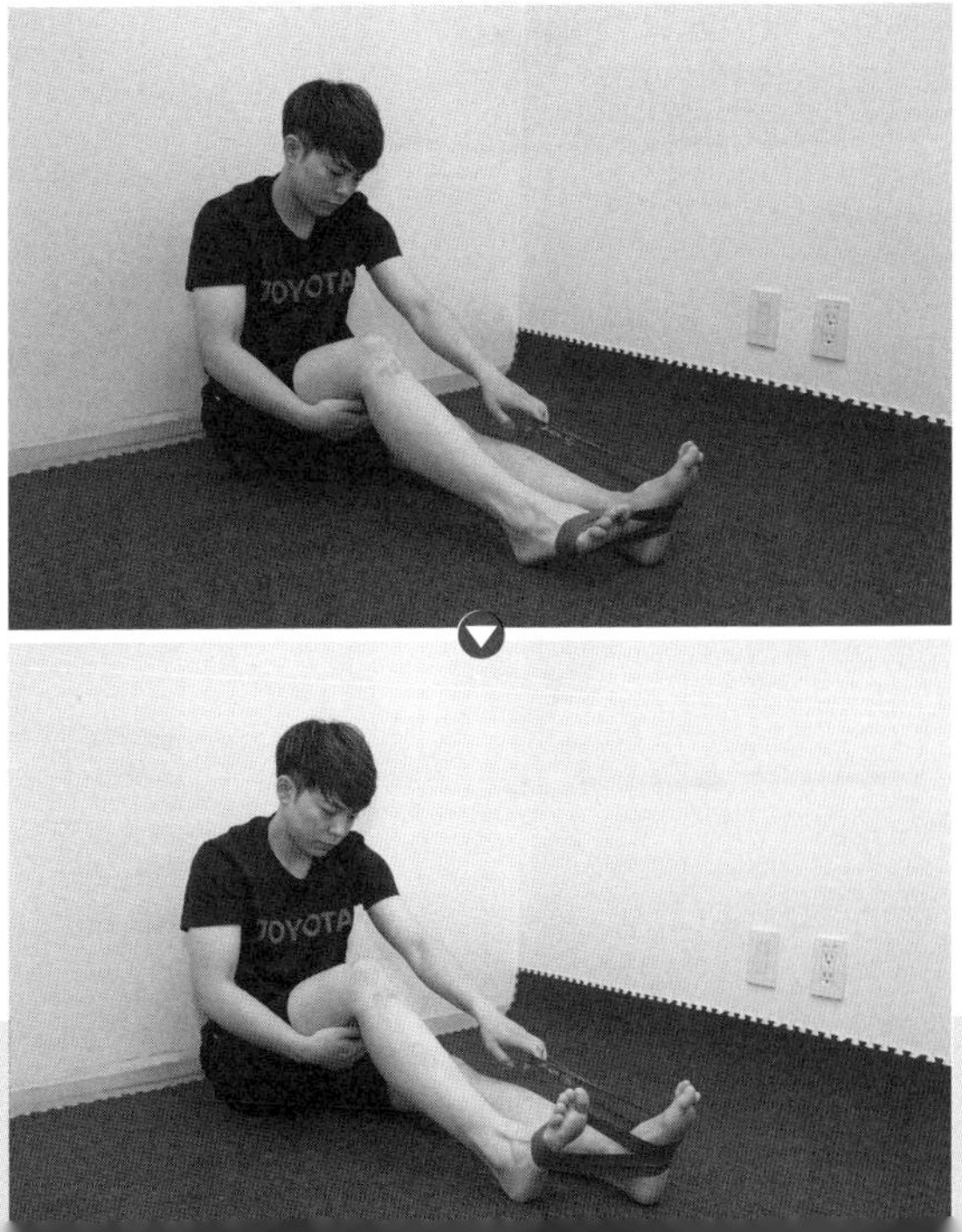

9 バランス エクササイズ①

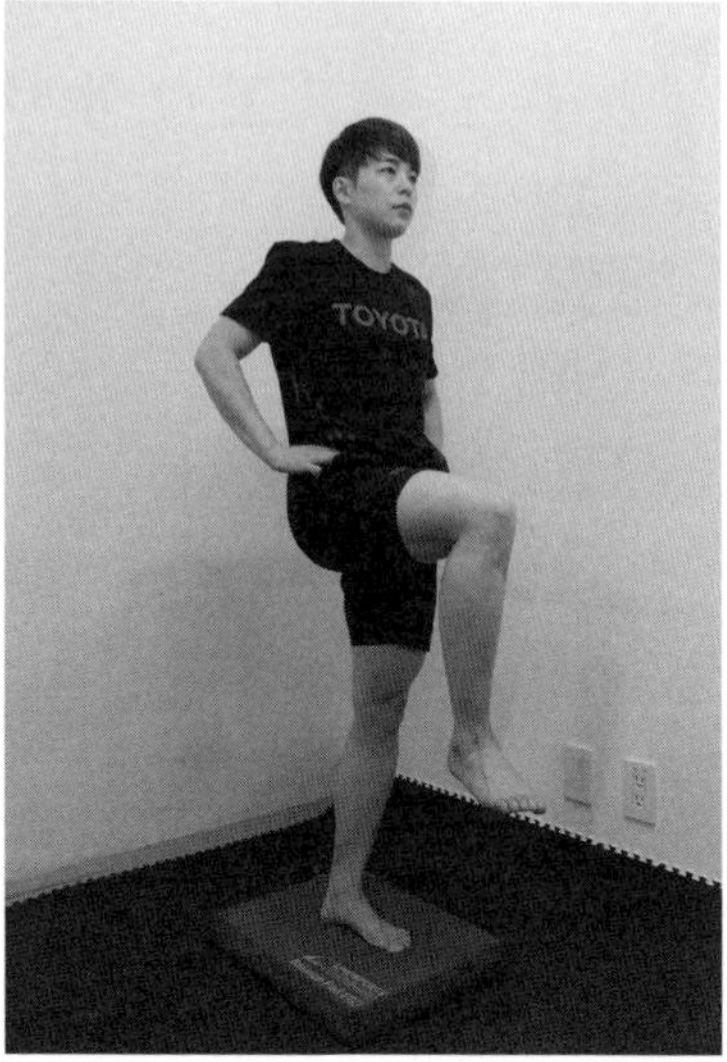

目安とする回数（時間）

20 秒

やり方

バランスパッドの上に片足でまっすぐに立ち、固有感覚（自分の関節、筋肉、腱などの動きを検出する感覚）の受容器に刺激を入れる。骨盤が抜けないように、臀筋群（お尻）にきちんと刺激を入れることが重要になる

10 バランス エクササイズ②

目安とする回数（時間）

20 秒

やり方

バランスパッドの上に片足でまっすぐに立ち、両手を同時に上げる。その姿勢を崩さない。狙いや注意点は①と同じ

11 バランスエクササイズ③

目安とする回数（時間）

20秒

やり方

バランスパッドの上に片足で立ち、上げた足をバランスパッドの外側に出す。股関節を軸にし、バランスを崩さないようにしながら、足を開閉させていく

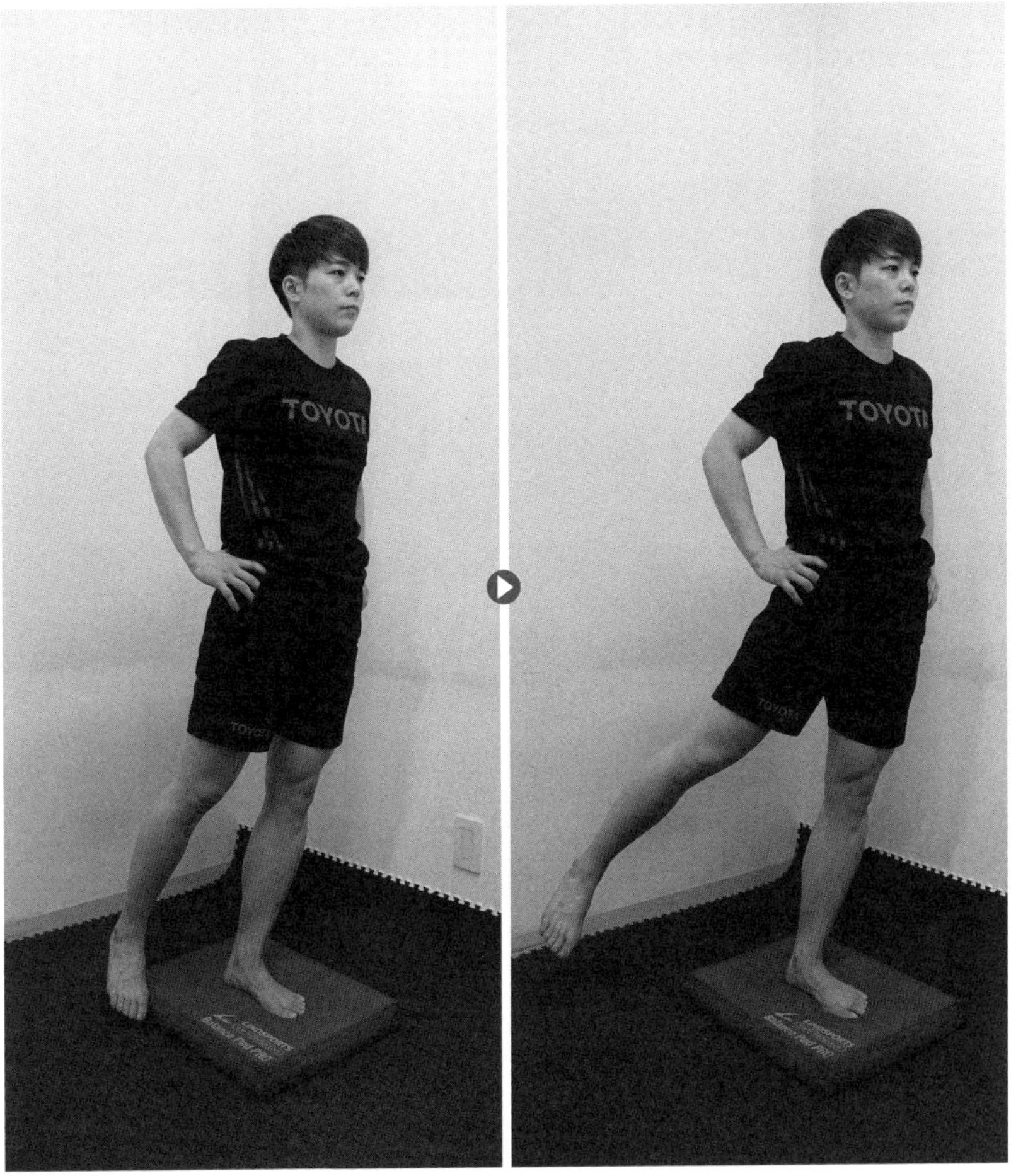

12 ヒールレイズ①

目安とする回数（時間）

10回

やり方

腓腹筋を鍛えるエクササイズ。両手を壁につけて立つ。かかとをまっすぐに上げ、最大可動域まで、つまり、上げられるところまで、かかとを上げる。外側（小指側）荷重にならないように注意する

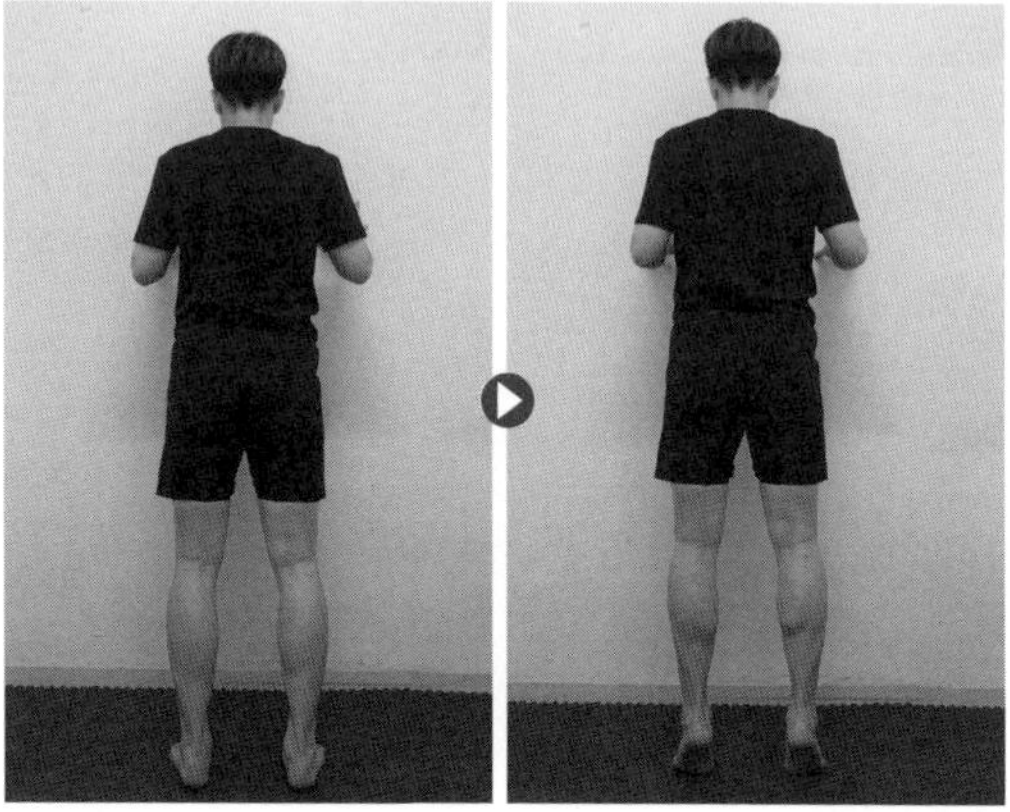

13 ヒールレイズ②

目安とする回数（時間）

10回

やり方

ヒラメ筋を鍛えるエクササイズ。両手を壁につけ、ヒザを少し曲げて立つ。ヒザを曲げたまま、最大可動域まで、つまり、上げられるところまで、かかとを上げる。外側（小指側）荷重にならないように注意する

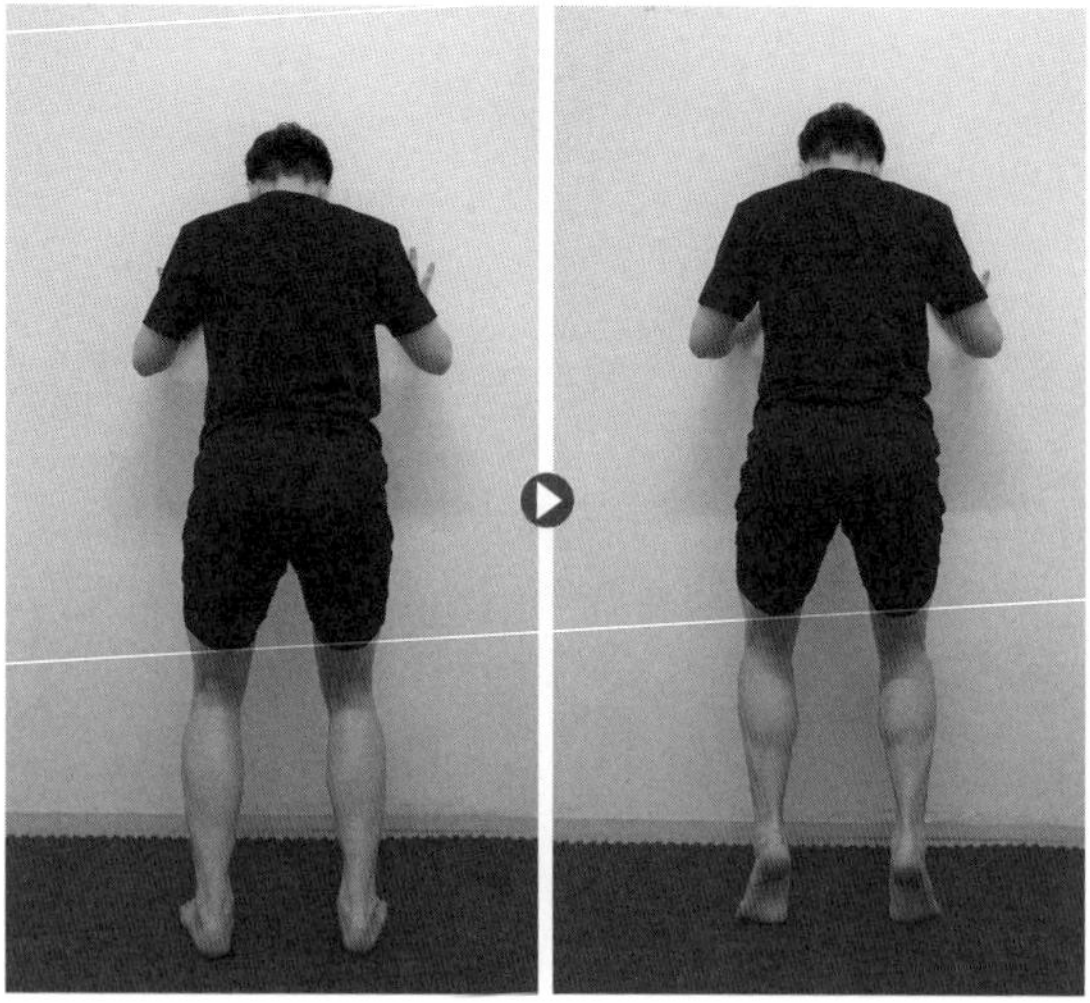

14 ヒールレイズ③

目安とする回数（時間）

10回

やり方

①と②を組み合わせたコンビネーション・エクササイズ。まずは②の姿勢から、かかとを上げる。その姿勢から、ヒザを伸ばしながら、かかとをさらに上げていく。注意点は①、②と同じ

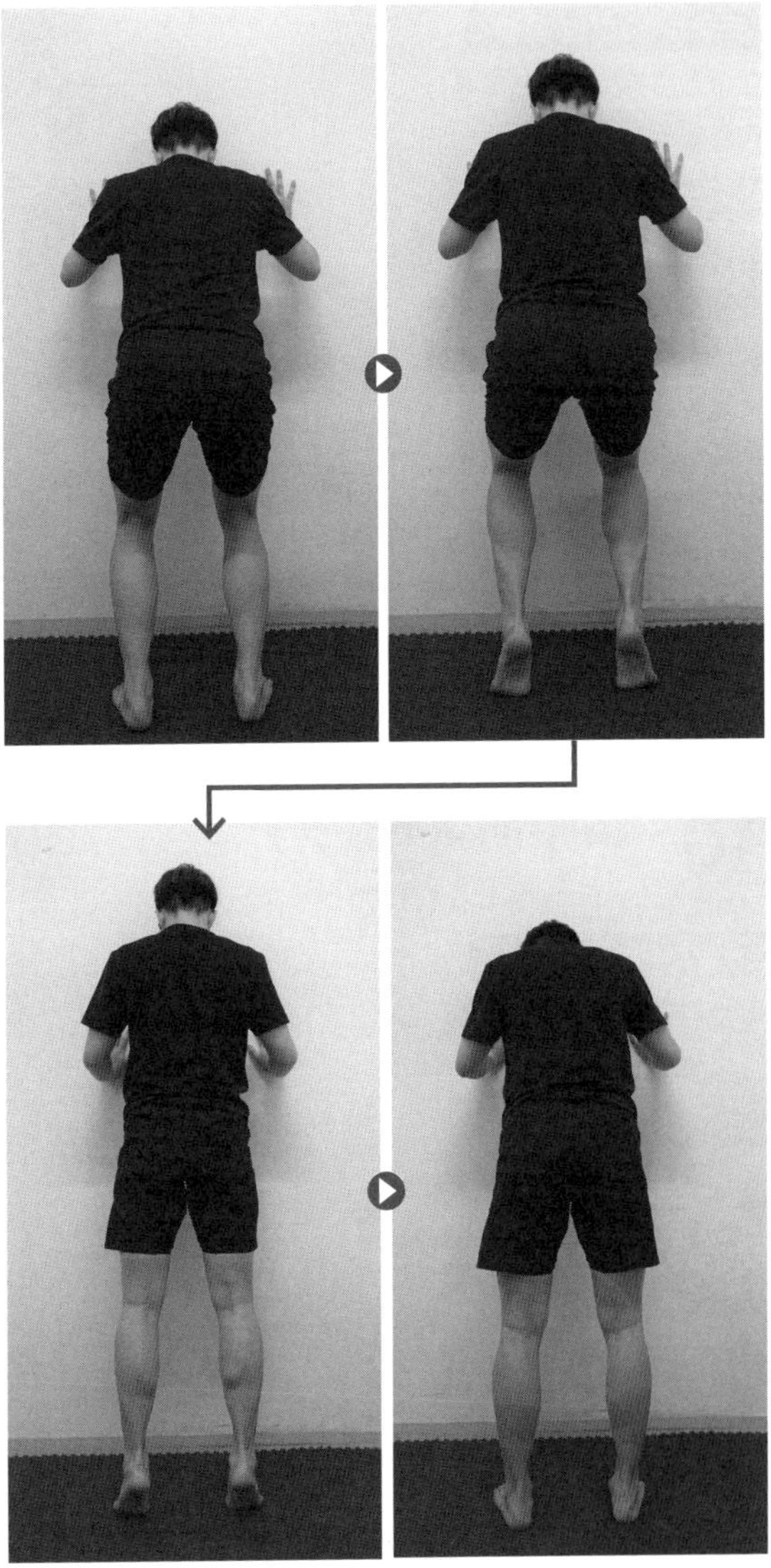

15 腸腰筋ストレッチ①

目安とする回数（時間）

自分の感覚でほぐれてきたと感じたらOK

やり方

壁に向かって、片ヒザ立ちの姿勢になる。うしろ足をまっすぐに引く。両手で壁を圧し、うしろ足のつけ根あたり（腸腰筋）をストレッチしていく。床に対して骨盤が平行になるようにする。腰が反らないようにする

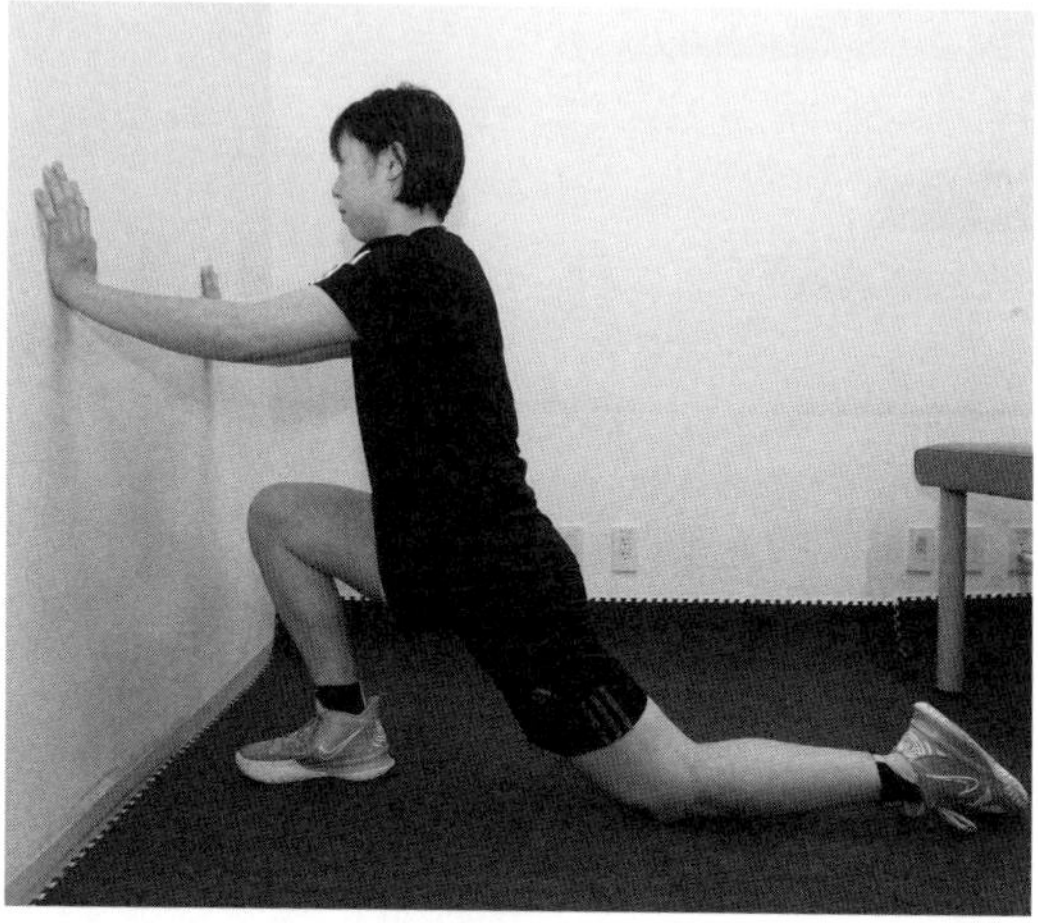

16 腸腰筋ストレッチ②

目安とする回数（時間）

自分の感覚でほぐれてきたと感じたらOK

やり方

うしろ足のつま先を持ち、うしろ足のつけ根あたり（腸腰筋）をストレッチしていく

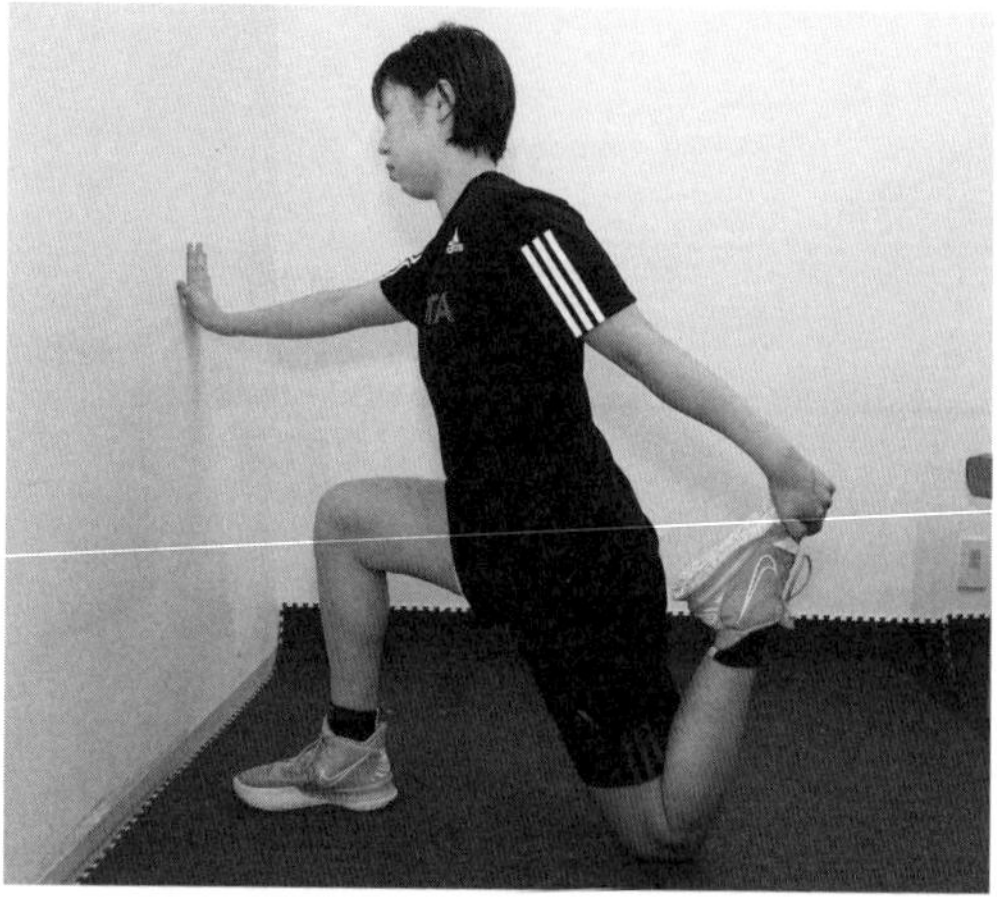

17 腸腰筋ストレッチ③

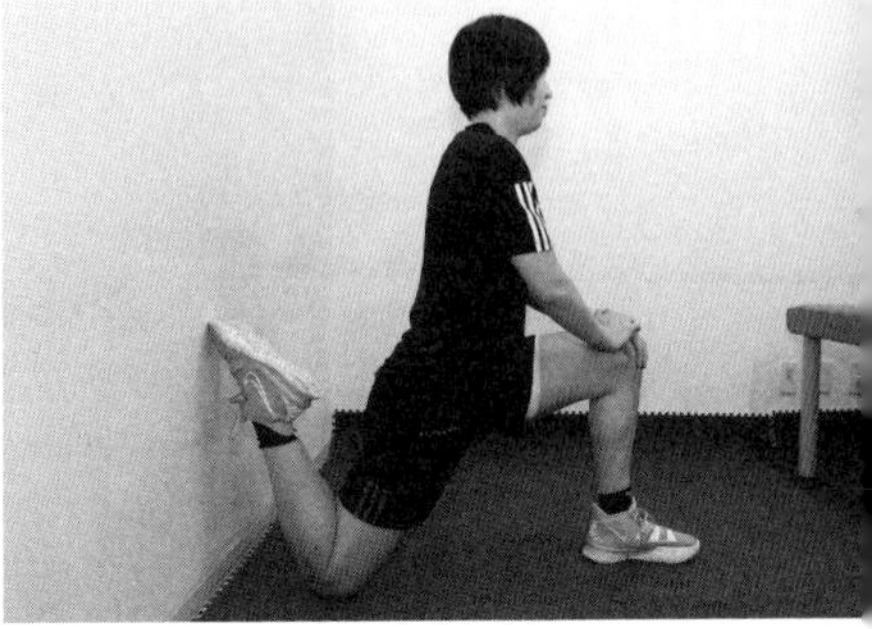

目安とする回数（時間）

自分の感覚でほぐれてきたと感じたらOK

やり方

うしろ足を壁に押し当てるようにし、うしろ足のつけ根あたり（腸腰筋）をストレッチしていく

18 腸腰筋ストレッチ④（ペア）

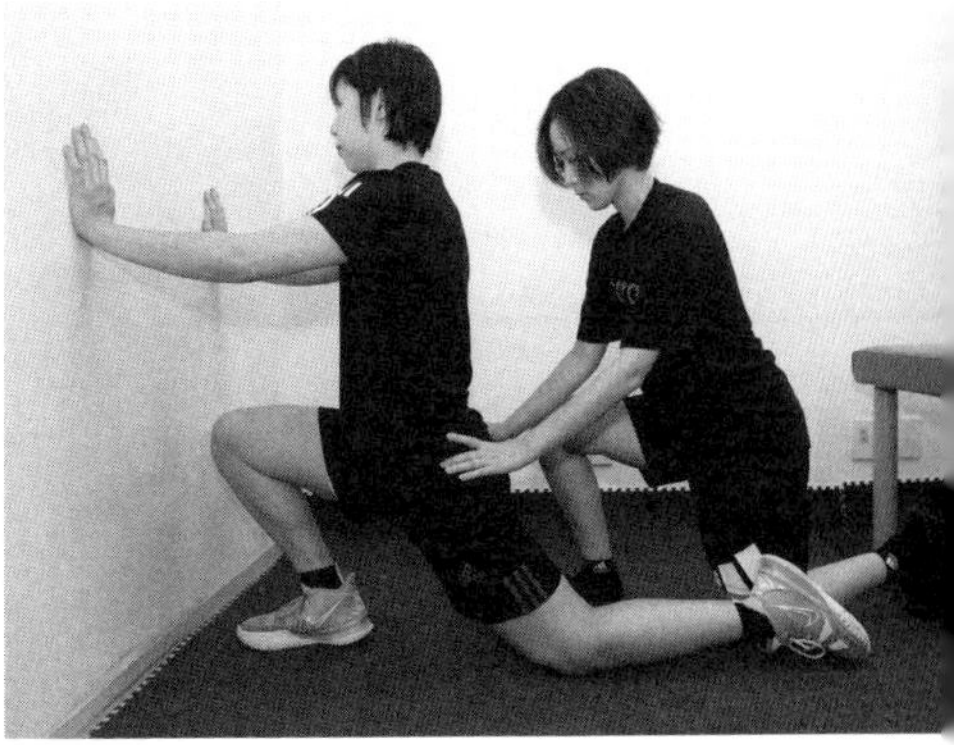

目安とする回数（時間）

自分の感覚でほぐれてきたと感じたらOK

やり方

①をペアで行う。パートナーは相手のお尻をゆっくりと押す。相手の状態をよく見ながら、勢いをつけて押すことがないようにする

19 腸腰筋ストレッチ⑤（ペア）

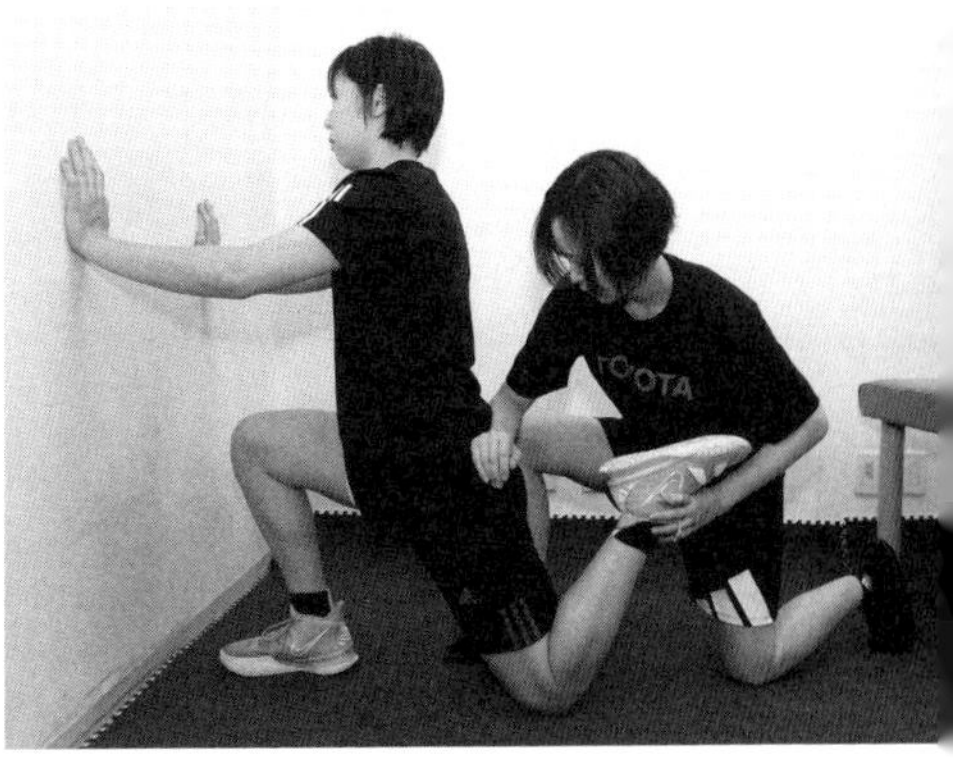

目安とする回数（時間）

自分の感覚でほぐれてきたと感じたらOK

やり方

②をペアで行う。パートナーは相手の腰が反らないように注意しながら、うしろ足をゆっくりと押し上げていく

20 ヒップエクステンション①

目安とする回数（時間）

10回

やり方

うつ伏せの姿勢から、体幹に力を入れ、股関節を軸にして、片方の足を上げ下げする。腰が浮かないように、パートナーがチェックする

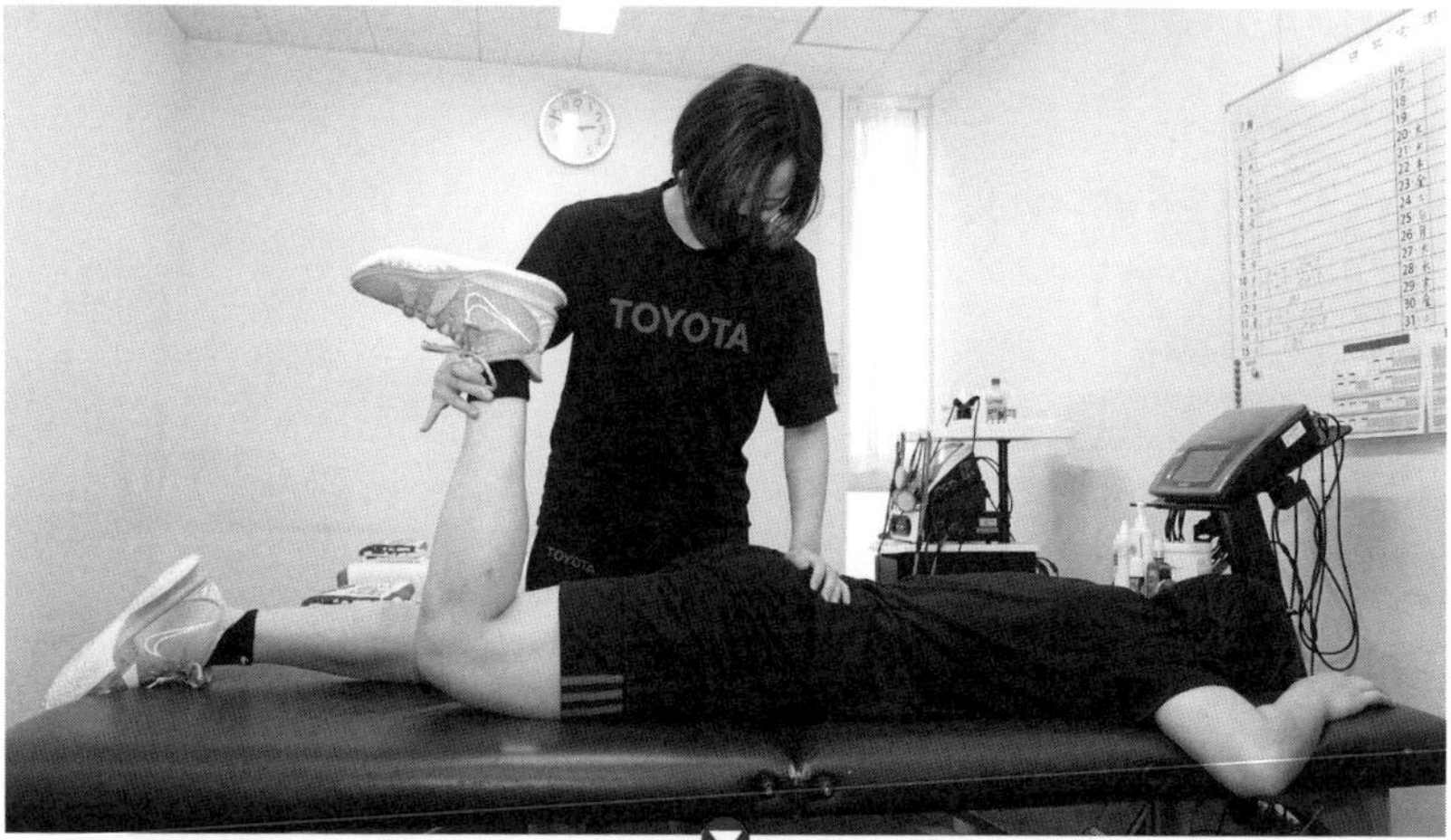

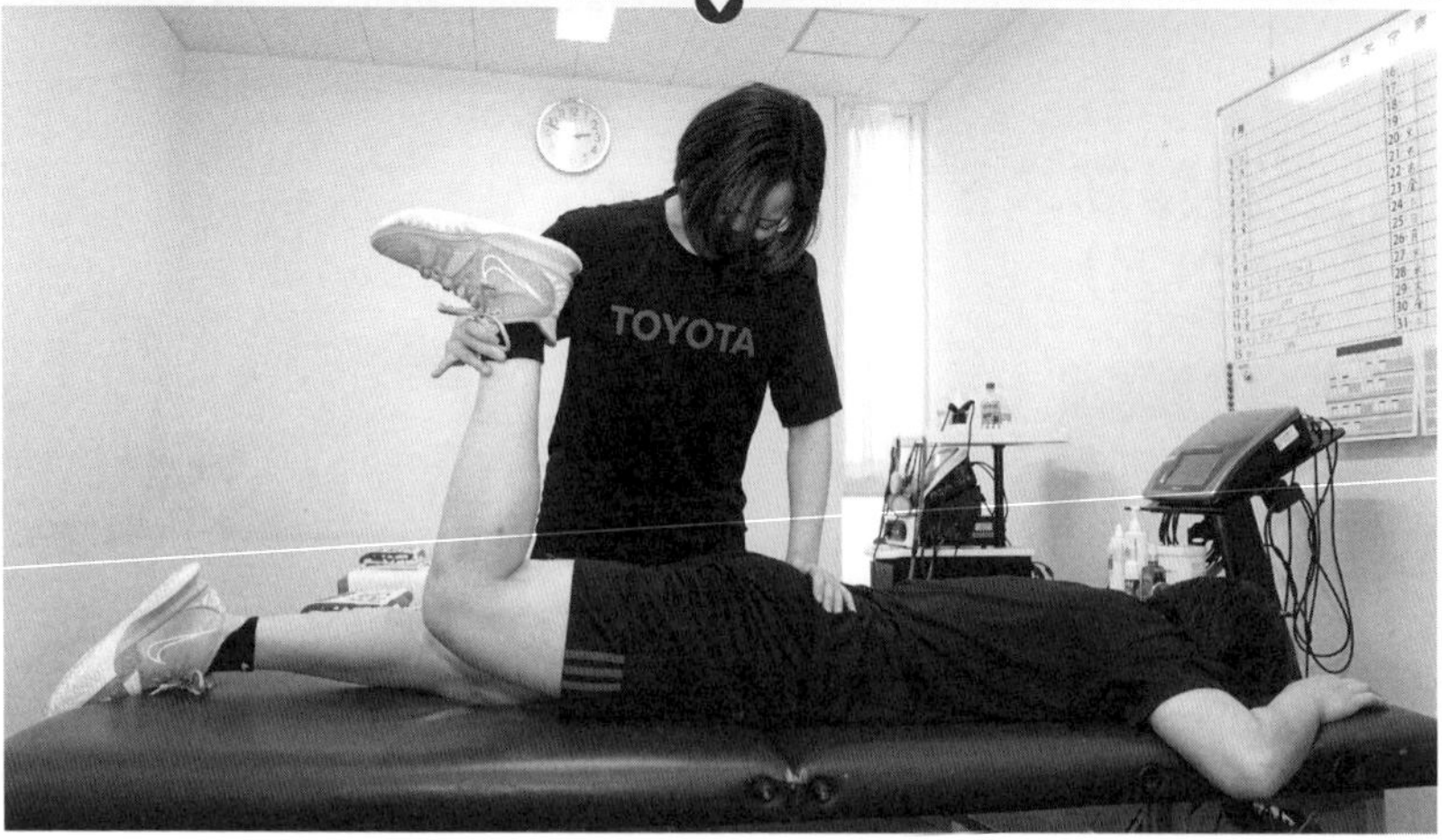

21 ヒップエクステンション②

目安とする回数（時間）

10回

やり方

①のエクササイズをパートナーが上から押した（抵抗を入れた）状態で行う

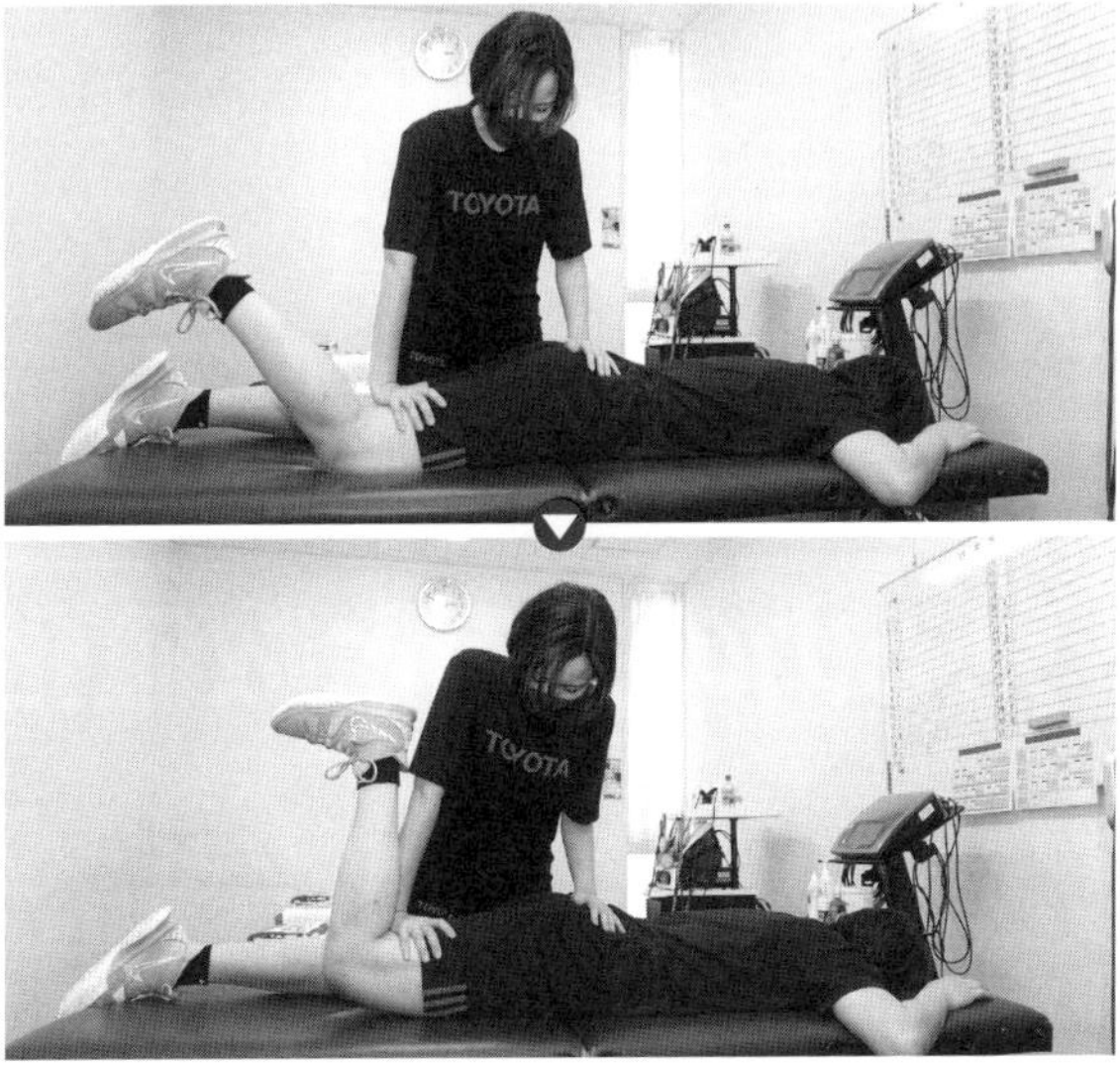

22 ヒップエクステンション③（立位）

目安とする回数（時間）

10回

やり方

壁に向かって、片足立ちになる。上げた足をうしろにまっすぐに引く。腰が反らないようにする。骨盤が回旋しないように、常に正面を向いた状態で行う

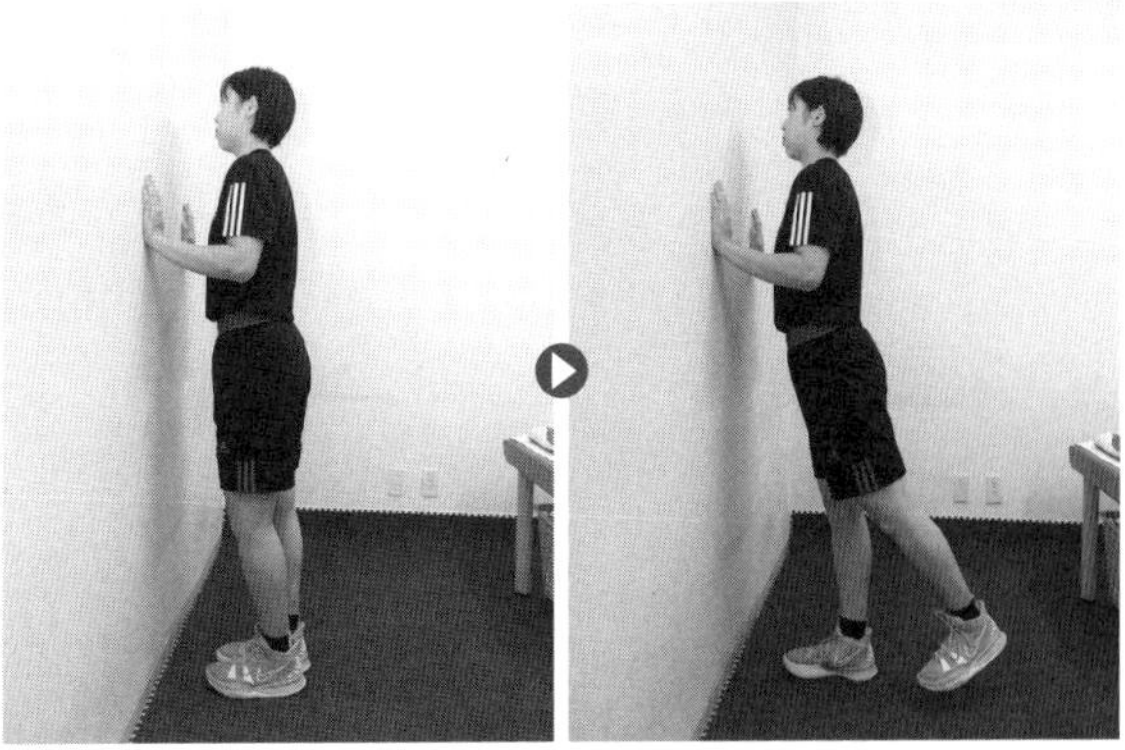

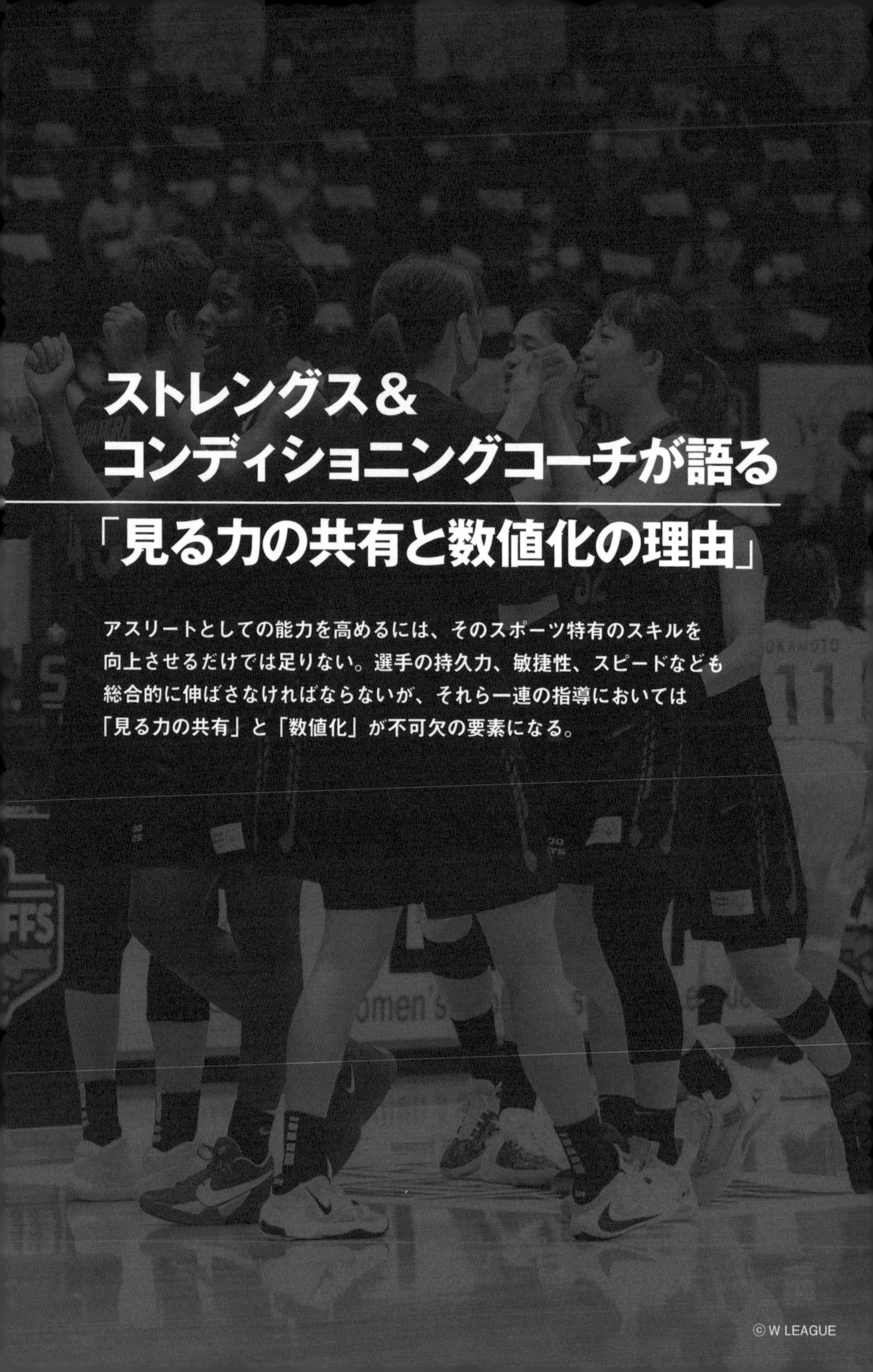

ストレングス＆
コンディショニングコーチが語る

「見る力の共有と数値化の理由」

アスリートとしての能力を高めるには、そのスポーツ特有のスキルを向上させるだけでは足りない。選手の持久力、敏捷性、スピードなども総合的に伸ばさなければならないが、それら一連の指導においては「見る力の共有」と「数値化」が不可欠の要素になる。

© W LEAGUE

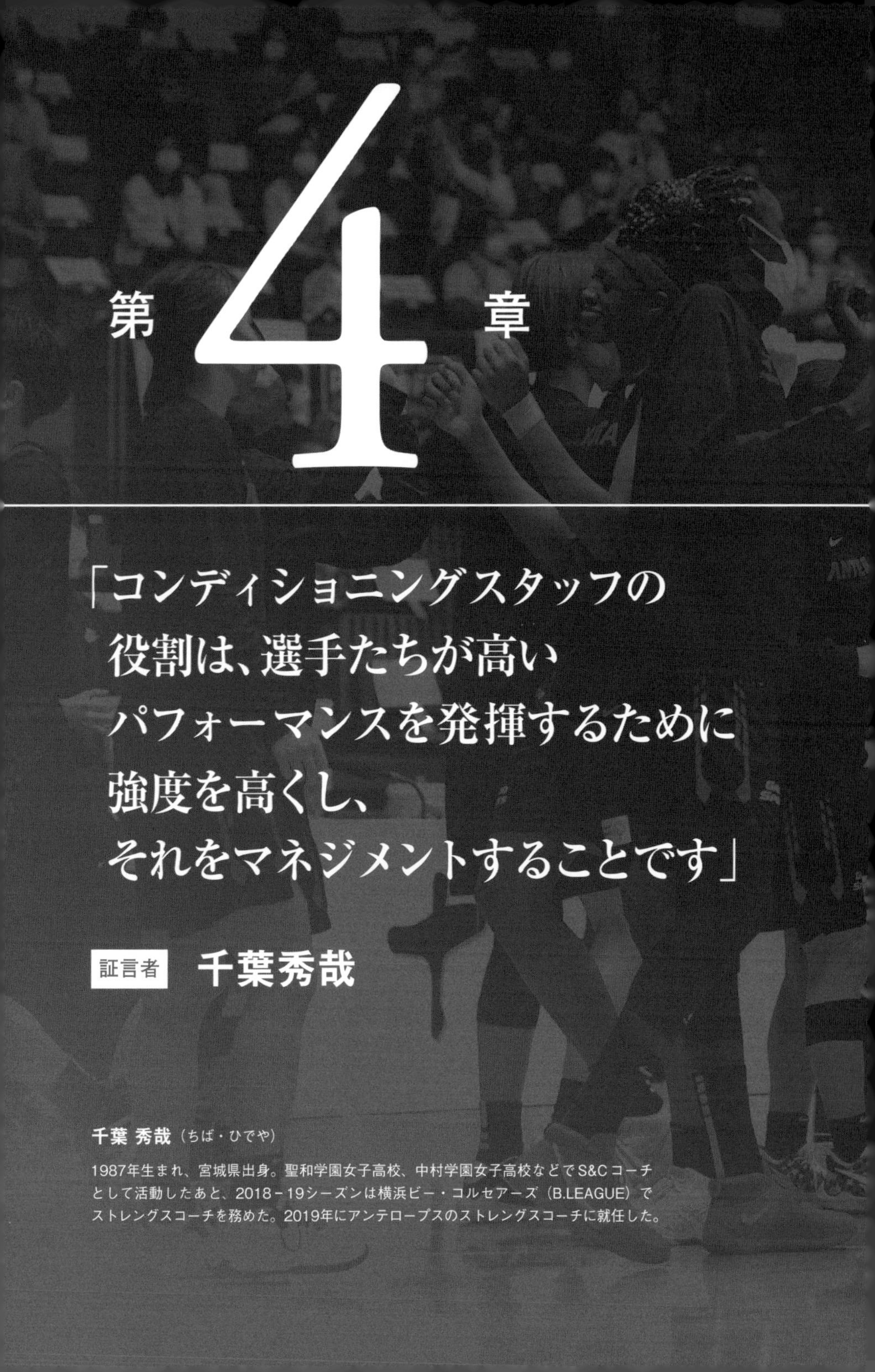

第4章

「コンディショニングスタッフの
役割は、選手たちが高い
パフォーマンスを発揮するために
強度を高くし、
それをマネジメントすることです」

証言者 **千葉秀哉**

千葉 秀哉（ちば・ひでや）

1987年生まれ、宮城県出身。聖和学園女子高校、中村学園女子高校などでS&Cコーチとして活動したあと、2018－19シーズンは横浜ビー・コルセアーズ（B.LEAGUE）でストレングスコーチを務めた。2019年にアンテロープスのストレングスコーチに就任した。

「見る力の共有」が優勝のもう一つの要因

アンテロープスが2020−2021シーズンのWリーグで優勝しましたが、これはそのシーズンだけの成果というよりは、それまでの積み上げによるものだと思います。僕たちが来て2年ですが、フィジカルレベルの基準を一段階引き上げられたと思っています。

僕たちコンディショニングスタッフと、ルーカス・モンデーロヘッドコーチを筆頭とする、いわゆるバスケットボールのコーチたちは、コミュニケーションを密にとり、共通理解ができていました。「こういう目的を持って、この試合までにピークを合わせよう」といった標準をスタッフ間で共有できていたのは、すごく大きなことです。

少し専門的になりますが、バスケットを指導するコーチはもちろんのこと、トレーナーもストレングス（&コンディショニング）コーチも「見る力」がなければいけない、僕はそう思います。人の動きを見る力がなければいけないのです。

バスケットのコーチには、スキルの有無などを見る力が必要です。トレーナーであれば、「こういう動きをしていたらケガをするよ」といった見る力が必要ですし、僕のようなストレングスコーチであれば、選手に「走りが遅いですよ」と伝えるときには、その原因がフォームにあるのか、筋力の弱さにあるのかをしっかりと見極める力が必要です。

足が速い遅いや、ジャンプ力があるないといったことは、一般の人でもなんとなく分かります。しかし、僕らのような専門家はその要因をも見極め、それを高めるための手法を考えたり、選手たちに提示したりしなければいけないのです。チームとして勝つために考えられた戦術やそのために必要なスキルがある中で、そのスキルを身につけるのに必要な動きや筋力をいわゆるトレーニングで伸ばしていくわけです。

選手が身につけるべき力をそれぞれの分野で見極め、そのすり合わせがうまくできていたのが２０２０－２０２１シーズンでした。つまり、「見る力の共有」こそが、僕の視点から見た、優勝のもう一つの要因だと考えます。

強靭な体づくりの取り組みを数値化する

ご存じの方が多いかもしれませんが、ストレングスコーチがどういうものなのか、トレーナーとの違いを改めて記しておきたいと思います。トレーナーは、基本的に選手の体のケアを担当します。一方のストレングスコーチは、トレーニングがメインになります。

僕がコンセプトとして考えているのは「強靭な体をつくる」ことです。体力的な面の強化はもちろんのこと、それに伴うメンタル的なところもそうです。それらを総合的に踏まえて強靭な体をつくるのが役割の一つ。加えて、ケガなくいいコンディションをつくってもらいたいことから、ただ単に強化するだけではなく、よりよい動きづくりを選手それぞれにカスタマイズする仕事もしています。

また、これはトレーナーと共有するところですが、強度設定も僕たちの役割です。練習やトレーニングの強度を設定したり、管理したりするのが、ストレングスコーチの役割。つまり、選手の成長をとことんサポートするのが僕たちの仕事です。僕自身が常にポジティブになってあと押しすることを日々考えながらやっています。

僕たちが取り組んでいるようなトレーニングは、Wリーグの各チーム、さらには大学生や高校生でも実施しているところがあるでしょう。ただし、アンテロープスでは「数値化」を取り入れています。

例えば、ジャンプの高さはどれくらい、スプリント（ダッシュ）の速さはどれくらい、そういった個々の数値を出しています。その上で、「あなたはここの数値が基準値に足りていないよね」と選手それぞれに示すのです。さらには、「この人は瞬発的に走るのは速いけど、ずっと走る持久力は足りていません」といったデータもグラフ化します。

それをルーカスらコーチ陣にも提出します。それらを見ながら、チームや選手の現状を情報共有できたことも、チームが大きく進歩した一因かもしれません。

高強度で動く距離の比較

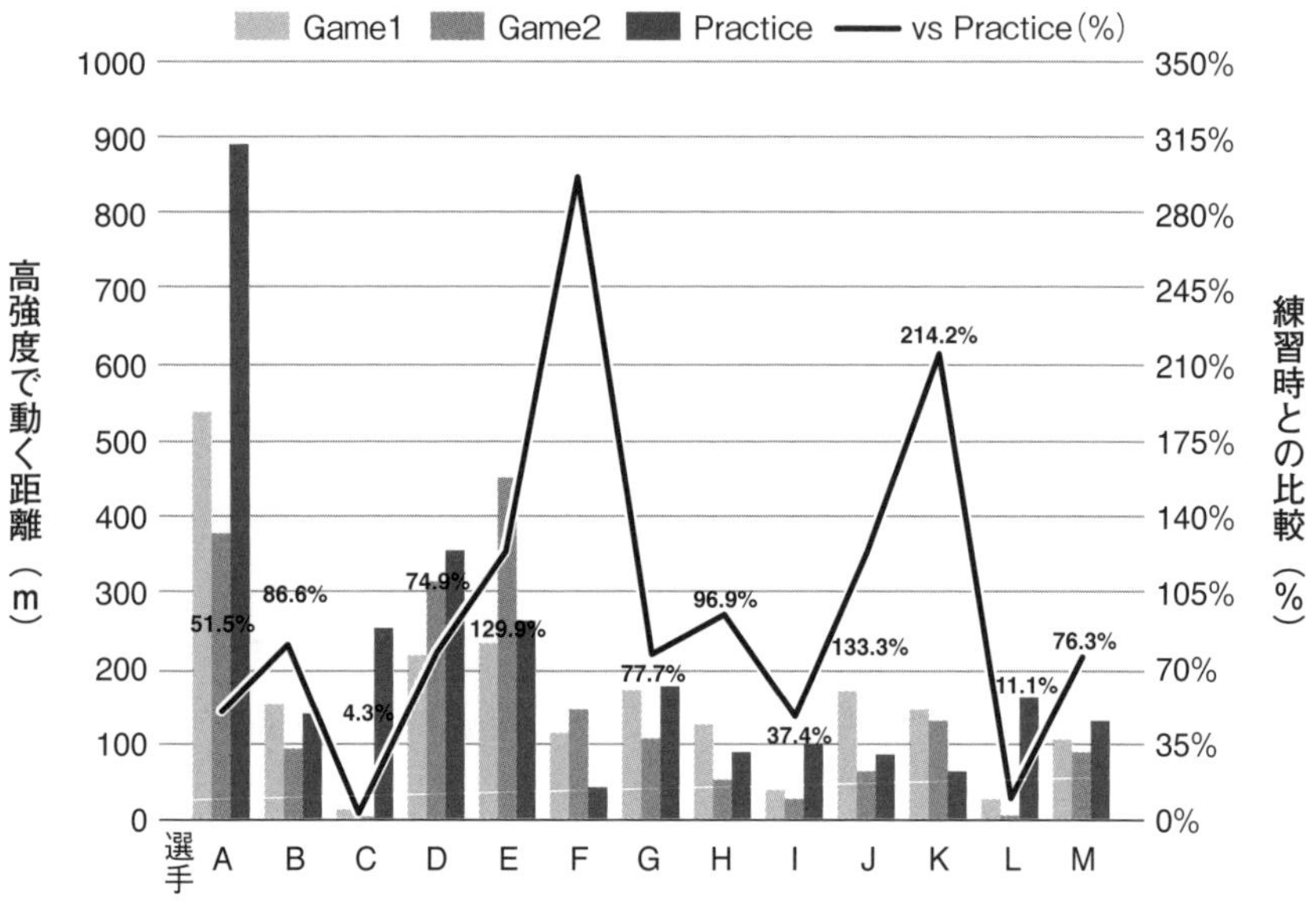

高強度で動く距離を測定。高強度で動いている距離が試合よりも練習のほうが長いという選手が多いことが分かる。練習を高強度で行うと、自信になる（マインドセット）。ただし、高強度の練習を自信として捉えられるかどうかは、試合でのプレータイムによって異なる。プレータイムが少ない選手はリコンディショニングが必要。プレータイムが少なく、しかも試合のほうが高強度で動いている選手はコンディショニングが必要になる。

＊高強度＝時速18キロ（＝毎秒5メートル）以上で動くこと

ヘッドコーチの戦略を理解した上でプログラムを組む

僕たちはさまざまなトレーニングを行っていますが、走るのが瞬発的に速い人の持久力を瞬発力と同じくらいまで高めるのはやはり難しいものです。低い能力を超一流まで引き上げるのは、僕たちでもさすがに無理です。ただし、足りない要素を最低限のレベルまで押し上げていくことはできます。

また、個々の特性や特長を生かすこともやらなければいけません。アンテロープスはタイムシェアができるチームなので、選手が試合に出たときは、それぞれがその時間内で120％の力を出すことが、フィジカル面でもスキル面でもルーカスから求められます。それぞれの役割をちゃんと遂行できるように、選手には、その準備という意味でも、自分の長所をより伸ばすことを意識的にやってもらうようにしていました。

タイムシェアと言うと、短い時間で高強度のパフォーマンスを発揮するのは難しいと一般的に思われているようですが、決してそんなことはありません。そこはマインドセット。考え方次第というわけです。

アンテロープスの自主練習の時間はとても短く、一日に30分くらいです。これはルーカスが決めたこと。練習が終わったあとにシューティングを長い時間行うことがよくあると思いますが、ルーカスがその時間を制限するのは、チーム練習を集中して行い、それ以外はしっかり休みなさいという意味なのです。

「練習で120％の力をしっかり出そう」と伝えてあるのに、練習が終わったあとの自主練習で動けるとしたら、チーム練習でもっと力を出せた証拠になります。そうしたワードを僕らも拾い、そういうマインドでトレーニングに取り組まなければいけないとマインドセットしています。

短い時間の中でパフォーマンスを発揮するために、チーム練習の前にサーキットトレーニングを行います。僕は午後の練習が始まる前にウォーミングアップとしてサーキットトレーニングを取り入れ、瞬発的な力を繰り返すようなことをやった上で、チーム練習に入ります。

高強度の中で、いかにいいバスケットができるか、それもルーカスが求めるところだったので、トレーニングにしても、短い時間の中でいかにして力を出すかを意識的にやらせてきたところがあります。僕たちフィジカルスタッフは、ヘッドコーチが考える戦略を理解した上でトレーニングのプログラムを組みます。それが大前提だと言えます。

本当に必要なことをアウトプットする

トレーニングのプログラムを組む際には、アウトプットの能力が欠かせません。例えば、通販番組で「この掃除機は３万円です。買ってください」と言われても、たぶん、すぐには買わないでしょう。しかし、「この掃除機にはこういう機能とこういう機能があり、それらはあなたの生活にこのように役立ちます。それで３万円ですよ」と言われたら、買う人がいるのではないでしょうか。それと同じで、こちらが出したものを「評価して」と言っても、選手もコーチも理解してくれないと思います。僕たちも、選手やチームにとって本当に必要なことを抽出しなければ、必要性だけを訴えたところで、「それは本当に必要なの？」と思われ、終わってしまいます。ですから、いかにアウトプットしていくかが重要になるのです。

コーチにプログラムを伝えるときは、プランＡだけを用意するのではなく、プランＢ、プランＣと、３つくらい準備します。Ａがダメなら Ｂといった感じで準備しておかなければなりません。特にルーカスはトレーニングにも精通しているコーチなので、中途半端なプランは一蹴される可能性があります。ただし、僕たちが示す複数のプランは、どれもゴールは一緒です。やり方が異なるだけです。

コミュニケーションとは、お互いの感情や思いをやりとりすることだと思います。例えば、トレーナーの仲村愛さんが一生懸命にケアしてくれるからこそ、選手は動いてくれるのです。そういったことも、２０２０－２０２１シーズンは多かった気がします。それぞれの立場からそれぞれを理解していたので、選手たちはあまり困らなかったのではないかと思います。

「ヒントを与え、考えさせて一緒にやっていく」

加えて、選手の主観的にしか得られなかった感覚、例えば、ＥＮＥＯＳと対戦したときに抱いた「ENEOSって、あんなに走るんだ!?」といった驚きにも似た感覚を普段の練習から出せるように数値化したり、目に見えるデータにしたりしたことも、選手たちのマインドを変える要素になったと思います。つまり、目標にリアリティーを持たせたというわけです。

アンテロープスには個性的で能力の高い選手が多くいます。それなのに力を出せないのはなぜか、そう考えたときに、力を出せないのではなく、力の出し方が分からないだけではないかと思いました。そうだとすれば、それを一つの軸にまとめれば、選手たちは振り向くのではないかと考えたのです。

そのため、選手とコミュニケーションをとる上では、いろいろなヒントを与えるようにしました。シンさん（大神雄子アシスタントコーチ）は、「選手の自主性を大事にしたい」とよく言います。それを聞いていたので、基本的には、僕から選手たちに押しつけるようなことはせず、「こういうのもあるよ」、「それとは違うやり方もあるよ」と、いくつかのプランを紹介するようにしました。

紹介しながら彼女たちの話をしっかりと聞き、一人ひとりに対して責任感を持って丁寧に接すれば、「一緒にやっていこう」という感じが強くなると思います。「一緒にやっていくこと」は、アンテロープスに来て強く意識した部分です。女子アスリートが相手だからではなく、そもそものコーチングとして大事なポイントと言っていいでしょう。

一般的に、日本の女子アスリートはコーチに言われたことをきちんとやり抜くところが長所とされます。しかし、アンテロープスの選手たちは、どうすればもっとよくなるかを常々考える選手たちでした。周りから個性的な集団と言われるくらい、個人としての意見をはっきりと持っていたので、その点を尊重する意味でも、個人に合わせたことをやらなければいけないと考えました。そこで、ヒントを与え、彼女たちに考えさせて一緒にやっていくスタイルにしたのです。

それは、選手たちが求められる、アスリートとしてのセンスでもあります。似て非なるトレーニングをしていても、ゴールが同じだと気づけるかどうか、それが大事になります。そして、気づいたことにリアクションをできるのがプロだと思うので、それを自主的にやってほしいと思います。こちらとしては、まずは彼女たち自身に気づかせ、その上で行動できるかどうかを見ています。

極論を言えば、間違ったことをしていたとしても、その選手にとって合っていれば、それはもしかしたら正解かもしれません。みんなとは真逆のことをしていても、その人の体質に合うのであれば、それも一つの方法なのかなと考えます。

それは数値でわかるのですが、いい例として挙げられるのはエブリンとステファニーの馬瓜姉妹です。ルーキーのシラ・ソハナ・ファトー・ジャもそうです。彼女たちのインボディの数値は、ほかの日本人選手と同じようには出ません。そうなると、単純に比べることはできないわけです。それをどう考えるかは、僕らとしてもクリアしなければいけないところでした。

話はそれますが、この3人はやればやるほどよくなります。筋の反応がとてもいいのです。普通の日本人選手は少しずつ上がっていくところなのに、彼女たちは2倍速くらいで上がっていくイメージです。愛さんも触りながら、「筋肉や腱の質が違う。いい意味での張り感、硬いのとは違う張りがある」と言っていました。

選手個々が自分自身の体を考えられるようになることも、アンテロープスの強さにつながると思います。近年のアンテロープスは移籍してくる選手が多いのですが、その彼女たちに話を聞いたところ、「なんのためのトレーニングなのか分からずに、ずっとやっていました」、「いいと言われたから、ずっと食べています」といった受け身の選手が多いことに気づきました。そこからの脱却がステップアップの大きなカギになると思います。

アンテロープスでは、自分で考えて取り組むことができない選手のほうが、むしろ浮いているように感じます。浮いているという表現が正しいかどうかは分かりませんが、取り残されている気がします。愛さんも言っていましたが、アンテロープスはほかのチームに比べると、自由な部分が多いと思います。ただし、その自由の中にちゃんとした主体性、もっと言えばプロ意識があるからこそ、自由が成り立っているのです。そこで自由の意味を履き違えると浮いてしまいます。

もう一つ言えるのは、チームとしての目標はもちろんあるのですが、個人としての目標もない選手は練習についてこられないことです。「日本一になるために頑張ろう」とチームみんなで言うのは当たり前です。大前提と言っていいでしょう。それに合わせるのは大事ですが、加えて、自分はアンテロープスでどうなりたいのか、何をなし遂げたいのか、どんな選手になりたいのか、そういう芯を持っている選手でなければいけません。その部分がないと、練習についていくのが苦しいと思います。

試合よりも練習のほうが常に高強度

アンテロープスでは「キネクソン」という加速度センサーを使って練習をしています。センサーとなるチップを装着できるポケットが短パンにあり、そこからそれぞれの選手のデータを発信しています。練習だけでなく、２０２０－２０２１シーズンのＷリーグでも許可をとり、皇后杯が終わってからの試合で、装着してのプレーを行いました。

加速度センサーについては、ラグビー選手やサッカー選手が胸のあたりにつけているのを見たことがあるかもしれません。基本的にはまったく同じものですが、アンテロープスが使っているのは、ＧＰＳではなく、ＬＰＳという室内向けのセンサーです。ＧＰＳは衛星からのセンサーを読み取ってデータに記録しますが、ＬＰＳはチップ自体にセンサーが組み込まれています。動いたものに対して、どれくらいの速さが出ているのか、どれくらいの高さが出ているのかを独自のアルゴリズムで計算し、数字が出ます。時速何キロで走り、ジャンプの高さはどれくらいかといったことが分かります。

ラグビーやサッカーではこうしたことがスタンダードになりつつありますが、バスケットはまだまだ遅れているように思います。金銭的な問題はありますが、取り入れているチームがまだまだ少ないと感じます。

アンテロープスが使っている「キネクソン」は、出せている時速によって、Aが高強度、Bが中強度、Cが低強度と定義します。例えば、試合中に毎秒5・0メートル（時速18キロ）で動ける、毎秒2・0メートルの加速度で動けるといった具合に、試合や練習で出せている時速のスピードと加速度のスピードをモニタリング（観察）やトラッキング（追跡、分析）し、強度の高低を判断しています。

速さだけでなく、コンタクトの強さ、球際の競り合いでタフに動くところの強度、ディフェンスで腰を落としてかまえるところの強度なども合わせていけばいいと考え、映像や静止画を見せながら、選手たちに説明しています。

総合的な負荷のボリュームを出せるようになっているので、試合よりも練習のほうが常に高強度になるように設定した上で、練習を行っています。アンテロープスでは、間違いなく、試合よりも練習のほうがきついのです。そのため、個としてのモチベーションがない選手は、よりきついと思います。なんのためにこれほどの練習をさせられてい

練習と試合での体にかかる負荷の比較

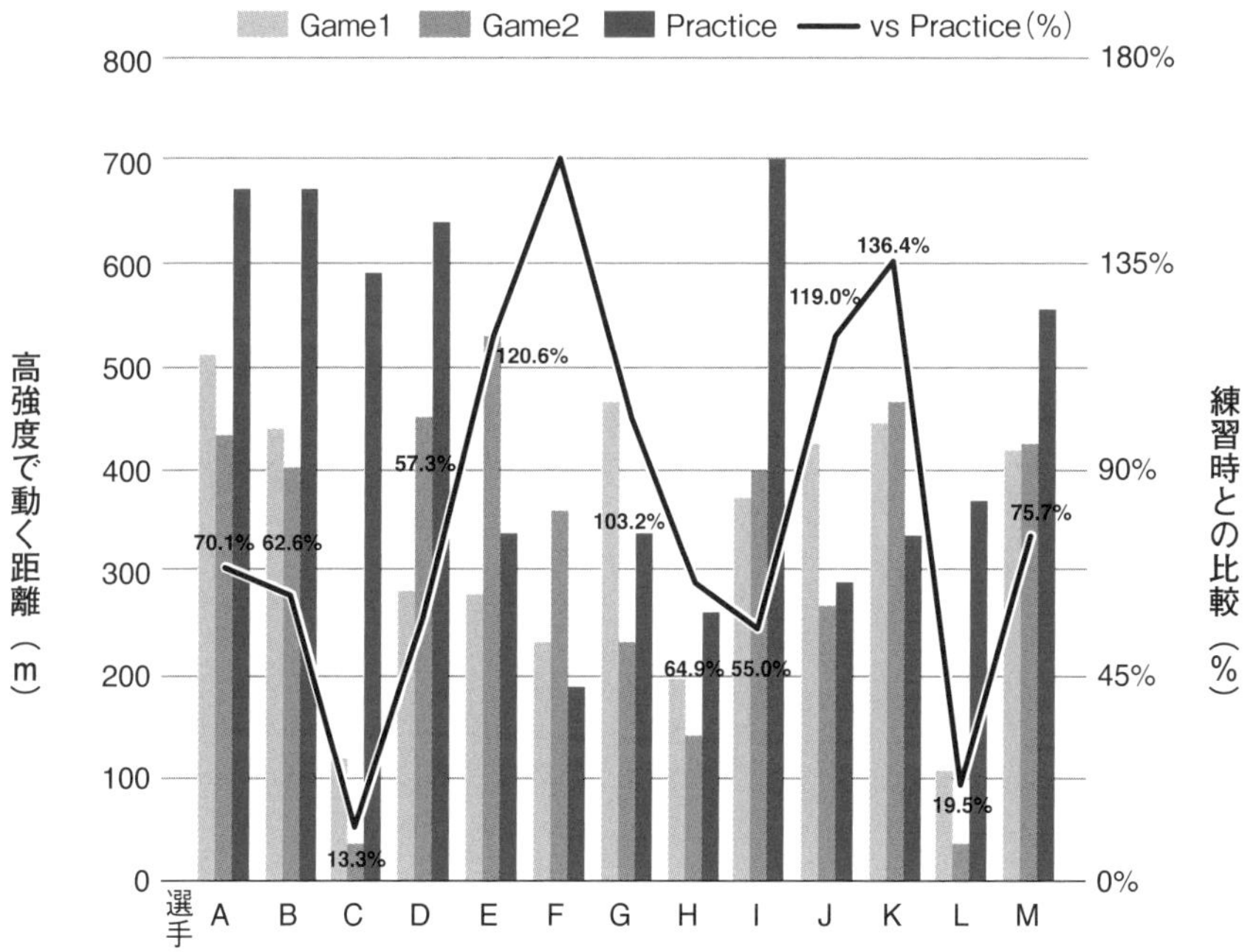

「キネクソン」を使用して、体にかかる負荷を練習と試合で比較したものだが、ここで注意しなければいけないのは、ポジションによって差が生まれること。アンテロープスでは、ガードの場合、試合での負荷のほうが大きくなりやすい。

キネクソン導入後の加速と減速の変化

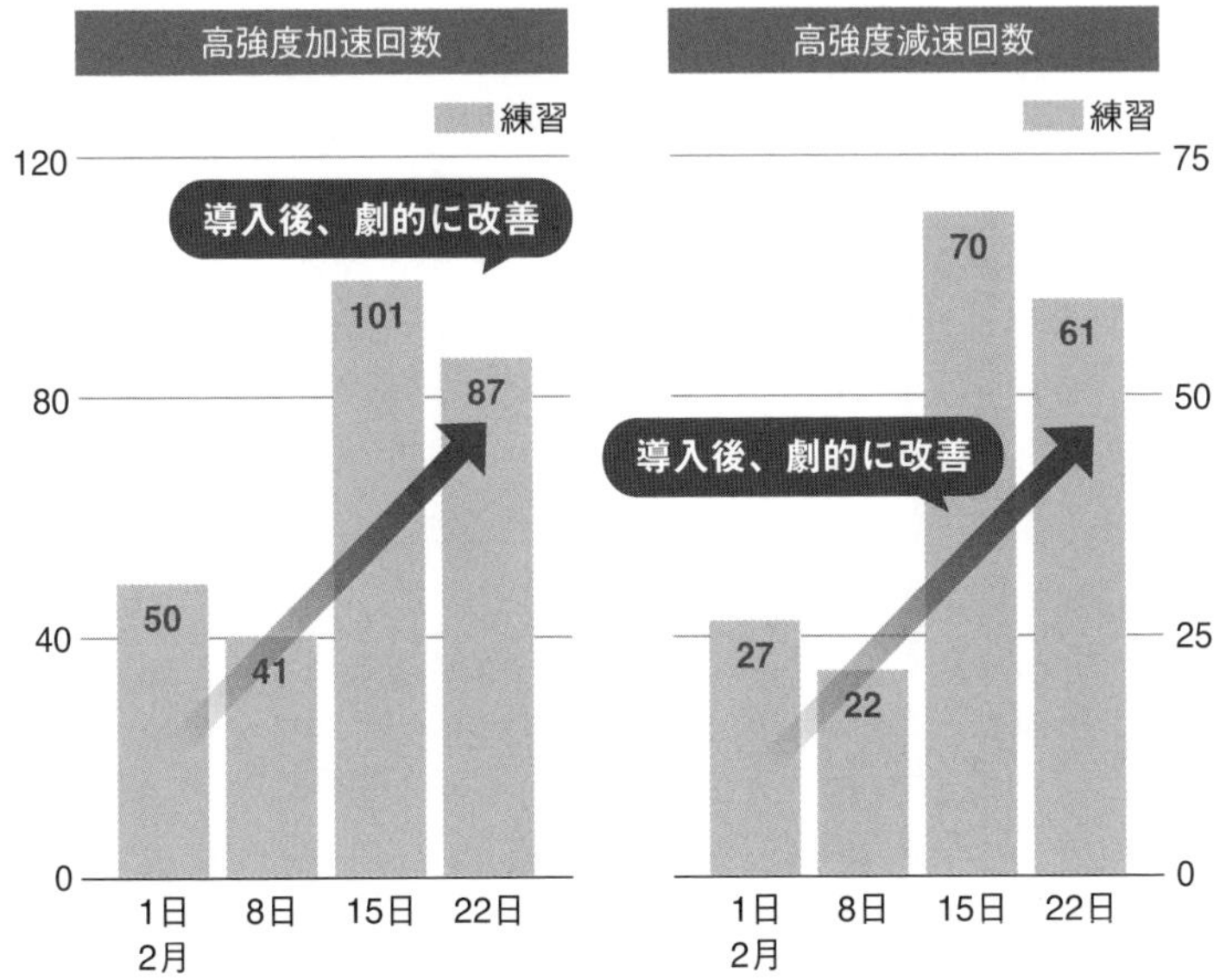

「キネクソン」導入後の高強度加速と高強度減速の回数で、減速とはジャンプに入る前や切り返し直前などのこと。それぞれ、チームでの1週間の平均回数を示した。例：2月1日から7日は高強度加速が計50回。アンテロープスの練習回数は平均で週に4回なので、1回の練習で高強度加速を行った回数は12、13回になる。2月15日から21日は計101回。1回の練習で行った回数が25回程度に増えた。導入後2週間は「高強度」を意識できずにプレーしていたが、数値を出すことで意識できるようになり、それさえも無意識になった3週目以降は高強度加速と高強度減速の回数が増加した。最悪のケース（対戦相手にとっての最良のケース）を常に想定し、それに耐えられるだけの力を身につける。

るのだろうかと感じるはずです。

一方で、「将来は日本代表になりたい」、「海外でプレーしてみたい」といった確固たる目標を持っている選手は、アンテロープスのきつい練習にもついていけるはずです。また、自分自身で、順序立てて練習を組み立てることもできると思います。

その意味では、今回の優勝は個性が見事に合致しました。だからこそ、日本代表などでチームの外に出て、さまざまなトレーニングを経験したり、さまざまな情報を得たりするのは、僕らとしてはすごくありがたいことです。多くの選択肢がある中から、彼女たち自身が選択し、いいと思ったものはやる、いいと思わなかったものはやらない、それでいいのです。ただし、それは、裏を返せば僕らにとってはプレッシャーになります。

主観的なことを客観的なものにし、同じ方向を向く

加速度センサーを取り入れたのは、これまでチームで感じていた主観的なこととデータでわかる客観的なことを比べ、単純にそのギャップを埋めるためです。例えば、選手

が「疲れた」と言っても、監督が「疲れていないだろう」と判断してぶつかるといった、ギャップを埋めるイメージです。

それを数値として定量化すれば、選手としては「これくらい走っているから疲れているんですよ」と言えますし、コーチとしては、「こちらはこれくらい走ることを求めているから、あなたたちはこれくらいやらなければいけないですよ」と言えます。つまり、伝えたいことを数値で可視化するために加速度センサーを導入したのです。

また、トレーニングに対するストーリーを持たせたかったというのも導入理由の一つです。勝つにせよ、負けるにせよ、そこには理由があります。いかにして、そこにストーリー性を持たせられるかが重要。これまでは相手と対戦することでしか感じられなかった自分たちの主観的なことを数値化して客観的なものにし、それを目標値にします。そして、その目標値に対して、「追いつけ、追い越せ」といったストーリーを持たせ、最終的に超えていくのです。そのためにはデータが必要でした。

先ほどの「疲れ」に対する感覚同様、これまでのコーチと選手は、なんとなく別の視点で相手を追いかけていたところがあります。しかし、データがあると、ヘッドコーチにとっても「これくらい必要です」、選手にとっても「これくらい必要です」という共通の言葉と共通の目標値ができます。これなら、間違いなく同じ方向を向くことができると、実践する中で感じました。

加速度センサーを取り入れたのは、前述した通り、２０２０－２０２１シーズンの皇后杯後のことです。ただし、皇后杯のときも、アナリストが出してくれた試合中の１対１における勝敗を分析したり、トランジションの回数を調べたりし、例えば、「第４クォーターになるにつれて、僕らのほうが相手よりも落ちているよね」などと評価していました。後半になるにしたがって、相手のフィジカルに押されてしまったのではないかといった見解を出すことができたわけです。

結局のところ、僕らコンディショニングスタッフの役割は、選手たちが高いパフォーマンスを発揮するために強度を高くし、それをマネジメントすることです。ちなみに、相手の数値を目標値にするのではなく、それを超える１２０％を目標値としました。

なぜ、１００％を超える目標値を設定するのかと言えば、もっと頑張らなくてはいけない局面や、ファンの人たちの応援によってエネルギーがさらに出る瞬間など、見えない力が働く場面が、試合では絶対にあると思うからです。そして、それは僕らにも相手にもあること。選手にとっては、それらに常に応えられるパフォーマンスを出すことが

ボールがコート内で連続して動いていた時間／60秒以上が何回あったか

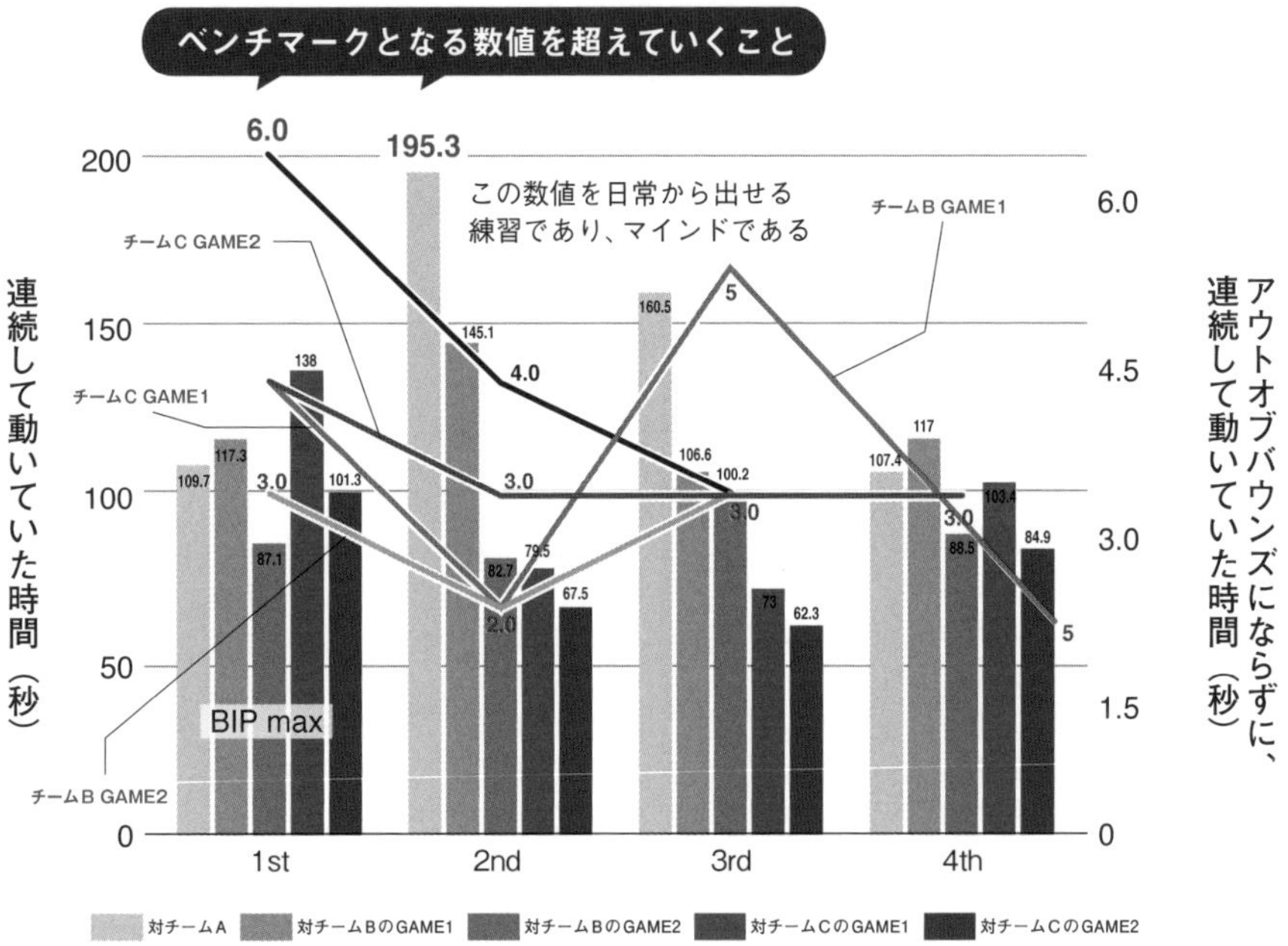

対戦相手別およびクォーター別の数値：棒グラフ=ボールがコート内で連続して動いていた時間。折れ線グラフ=60秒以上アウトオブバウンズにならずに、ボールがコート内で動いていた回数で、最大値は6。対戦チームの動きをベンチマーク（基準）にし、それを上回るようにする。「相手がミスなく動き続けている時間よりも長く走り続けられるようにする」といったマインドセットを行う。

重要になります。

睡眠時間にまで介入すると、目的意識が明確になる

数値の算出は体の動きだけではありません。２０２０－２０２１シーズンは、体の張りなどのコンディションや睡眠時間をスマホから入れてもらうようにしました。それをチームで共有して見ることができました。そういうアプリがあるのです。

例えば、何キロ走ったときに腿にどのような張りや痛みが出るかを打ち込み、平均したものを毎試合後に出していました。睡眠時間については、「これ以上眠れていれば、フリースローの確率がこれくらい上がりますよ」といった論文が海外にいくつかあるので、それを一例として出していました。

アンテロープスでは睡眠時間の基準を8時間に設定していますが、6時間半しかとれていないといったことが分かります。また、試合前は眠れていても、試合後は興奮状態で眠れないことがあります。そういう場合、栄養面で何かしらの介入をしましょうといっ

た提案をしていました。

また選手は起床時心拍もとっています。朝起きたときに心拍数を計り、仮に前日に比べて5拍くらいずれていたら、それだけで「交感神経優位」で疲れていると分かります。簡単に計れますし、リアルタイムですぐに出てくる数値です。脈で計るので、学生でもできる簡易的な手法です。

アンテロープスでは練習中から心拍数を計っているため、起床時心拍が高いと、疲れているとの評価になおさらなります。そういう生理的な反応を見ることができれば、「きょうは疲れているから、練習の強度を少し落とそう」といった指標にもなります。

疲れてくると、体温も上昇します。コロナ禍のいまは、タイムリーなので、そういったデータをとることもおすすめします。

睡眠時間にまで介入し、毎試合後に提示すると、選手の目に触れることになるので、目的意識が明確になります。これは、高校球児が「甲子園に行きます！」と毎日漠然と言い続けても、簡単には行けないのと似ています。どうすれば甲子園に行けるかをしっかりと逆算する必要があるのです。それを考えているチームとそうでないチームでは、出てくる結果が全然違うと思います。

チームの平均睡眠時間

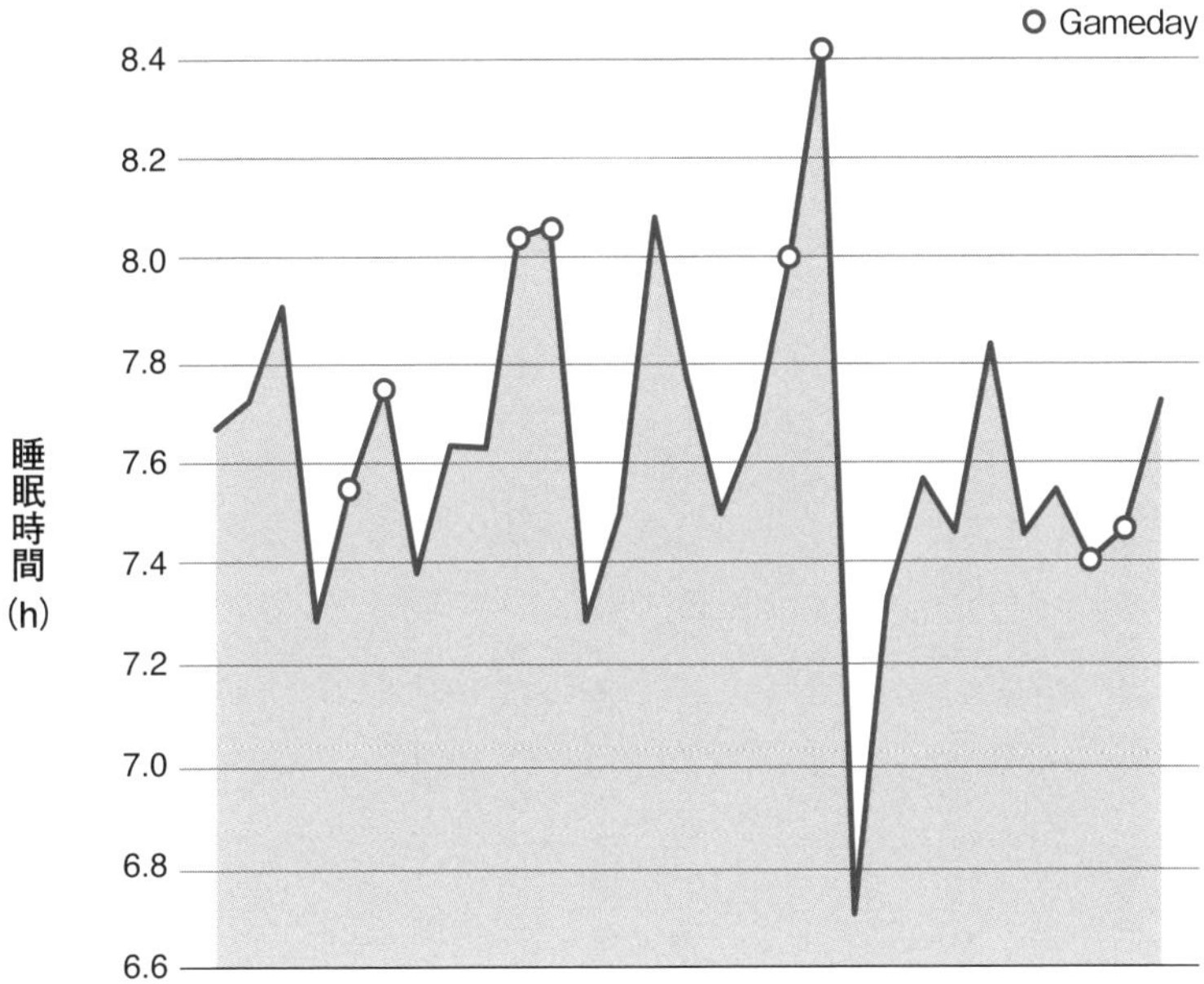

チームの平均睡眠時間をグラフ化したもの。選手は毎朝、スマートフォンを通じて、前夜の睡眠時間を知らせる。ストレングスコーチが推奨するのは8時間以上。2試合目の夜にあまり眠れていない傾向であることが分かる。ただし、年齢によって眠る時間が短くなるケースがある。睡眠時間によって、ケガの発生率やプレーの精度に影響が出てくるとする研究がある。

さまざまな側面から数値を示し、リアリティーを出す

シーズンオフには、6週に1回、すなわち1カ月半に1回くらいのペースでフィジカル測定を行っています。シーズンに入るとできなくなりますが、ジャンプやダッシュを測定します。また、それとは別に3カ月に1回くらいのペースで、乳酸値だけを測るといったこともやっています。乳酸がどれくらい溜まり、どれくらい動けるかといった測定をしているのです。

ベースの体力が落ちてくると、乳酸値もやはりぐっと落ちます。2020－2021年のシーズン中に測定し、今後のいい指標になるなと感じました。人間には、乳酸をエネルギーに変えて走れる、ベースになる部分があります。トレッドミルで10から12へとペースを上げたときに乳酸がなかなか出ない選手は、そのベースが広いので、体力の状態がいいとの評価になります。乳酸が出ない人は、ペースを14や15に上げても出ないのです。逆にその数値が低い選手、つまり、乳酸がすぐに出てしまう選手は、ベースの体

基礎体力と「バスケット体力」との比較の変遷

トレーニング期に養われた基礎的な持久的能力をベースにして“試合用の体力”を養っていくことが重要

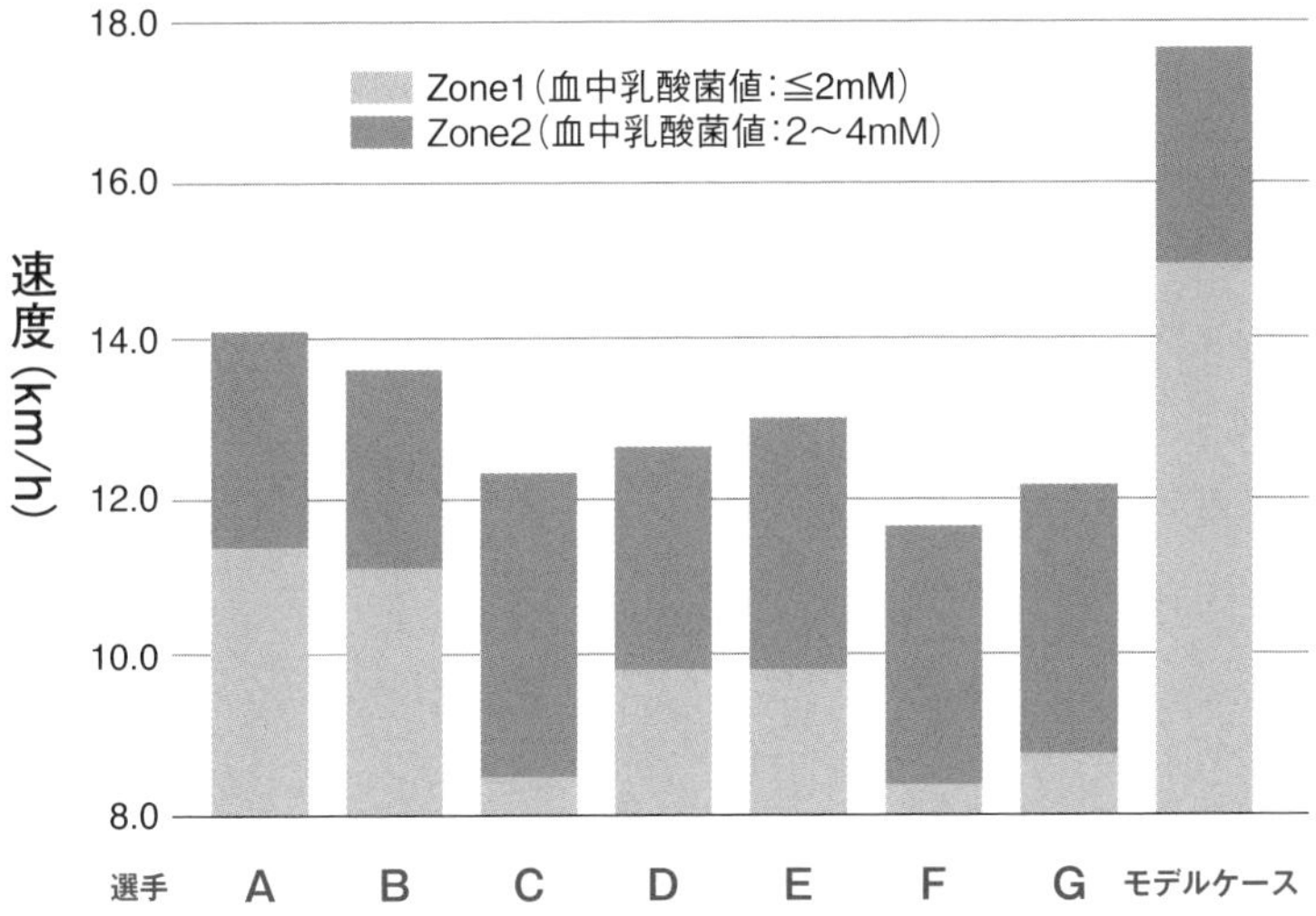

基礎的な持久的能力と試合用の体力バランスを示すデータの変遷。Zone1が伸びたら、基礎体力が高くなったことを示す。Zone 2が伸びたら、いわゆる「バスケットの体力」が高くなったことを示す。Zone1が伸びれば、つまり、基礎体力が高くなれば、リカバリー能力も高くなり、連戦時でも高いパフォーマンスを発揮できる。そのため、ベースとなる基礎体力をいかに上げるかが重要になる。

力が低いとの評価になります。

乳酸がすぐに出る選手は、連戦の場合、2戦目にパフォーマンスが落ちてしまいます。そうならないためのトレーニングを2カ月くらい行うと、ベースの数値が上がってきます。つまり、疲れにくくなるわけです。

それだけではなく、乳酸を使ってからオールアウトするまで長く動ける選手もいます。その場合、瞬発力が高い「バスケットの体力」が高いとの評価になりますが、そういった選手にはリカバリーを積極的にやらせます。逆に、乳酸値が高く「バスケットの体力」が低い選手にはリコンディショニングをやらせます。そんなイメージで、個人に合わせたメニューを組んでいきました。

つまり、チームや個々の目標に対して、練習や試合だけでなく、さまざまな側面から数値を示すことでリアリティーを出すのです。2020-2021シーズンは、それをしっかりと実行できましたし、それは今後に向けての一つの基準になります。新シーズンは、その基準を上回るチーム、上回る選手になれるように、またサポートしていきたいと考えています。

主力３選手による体力データの変遷

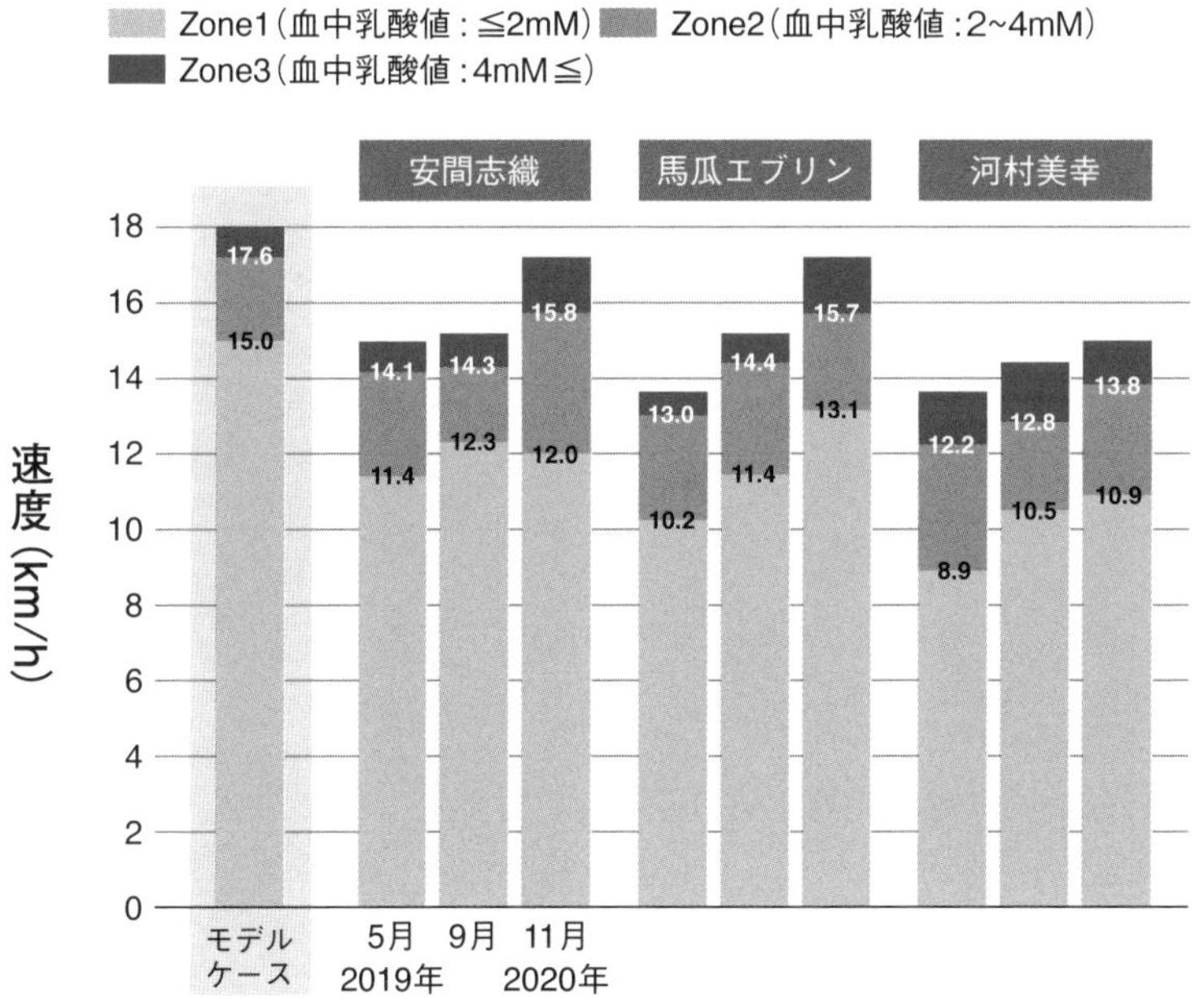

主力３選手、安間志織、馬瓜エブリン、河村美幸の体力データの変遷。一番左のグラフがモデルケース。ただし、３人と同じバスケットボールの選手。この選手は時速15キロで走ると、血中乳酸値がようやくZone２（２～４ｍＭ）に入る。時速15キロになるまでは乳酸をあまり出さずに走り続けられるということである。アンテロープスでは基礎体力（２ｍＭ以下）のラインを時速12キロに設定し、そのためのトレーニングプログラムを作成している。

歴史を変えた
選手たちの声
Vol.5

長岡萌映子
（ながおか・もえこ）

© TOYOTA Antelopes

1993年生まれ、北海道出身。札幌山の手高校２年時に高校三冠を達成し、３年時の2011年から日本代表に名を連ねる。2012年、富士通に加入し、ルーキー・オブ・ザ・イヤーを獲得。2017年、アンテロープスに移籍した。2020-21シーズンのWリーグプレーオフでベスト5。東京オリンピックの銀メダルメンバーでもある。

皇后杯決勝で負けたことが大事なステップになった

今回のWリーグ優勝は、ファイナルで対戦したENEOSの戦力がケガ人の多さによって落ちていたことも少なからず関係していると思います。自分たちとしては運がよかったです。「運も実力のうち」と言えるかもしれませんが、そういう巡り合わせがあったと感じます。でも、違う側面から見ると、その前の皇后杯決勝で負けたことが、すごく大事なステップになったのではないでしょうか。

皇后杯では、ENEOSの渡嘉敷来夢選手が大きなケガをしてしまいました。チームのエースで大黒柱の選手が抜けたことは、決勝で対戦する自分たちにとっても大きな意味を持っていました。「優勝できる」という気持ちが自分たちの中のどこかにあった決勝でした。ところが、実際には逆転負けで優勝を逃してしまったのです。その悔しさがあったからこそ、Wリーグで優勝できたのだと思いますし、逆に、皇后杯で勝っていたら、Wリーグでは優勝できなかったかもしれません。

チームのエースがいないとはいえ、優勝経験を多く積んでいるENEOSは、デンソーとのWリーグセミファイナルを見ていても、尊敬できるところがありました。エース抜きで準決勝を勝ち抜いたのはすごいことです。ただし、自分たちはセミファイナルで負けたデンソーと同じような経験を皇后杯でしていました。だからこそ、ファイナルでは同じ轍を踏むことなく、勝てたのではないかと思います。

Wリーグの世界で9年間プレーしてきましたが、ENEOSに勝った経験は過去にもあります。しかし、勝てたのは何かしらの強運に恵まれたとき、例えば、シュートがめちゃくちゃ入ったときに勝てたというイメージです。そして、それを続けることはできませんでした。

ファイナルは富士通時代にも経験していますが、ENEOSは大事な場面になればなるほど、力を発揮するという印象が強くあります。皇后杯では渡嘉敷選手がいなくても優勝したENEOSは本当にすごいなと。チームを長年引っ張ってきた吉田亜沙美さんも大崎佑圭《ゆか》さんも、もういません。経験がある選手と言えば、岡本彩也花《さやか》選手と宮澤夕貴《ゆき》選手くらいなどで、若手が多くなりそれでも優勝できるのですから、やはり強いのだと素直に感じました。でも、強いからこそ、もう一度向かっていく自分たちが気を引き締め直さなければいけないと痛感させられたセミファイナルでもありました。

メンタル面の強化が一つの実として結ばれた

皇后杯後は、Wリーグの優勝記者会見のときにサン（三好南穂）が言っていたように、流れが悪い時間帯でもみんなでしっかりと目を合わせるようになりました。チームとしての結束力を強めてきたことは間違いありません。

個人的には、メンタルに対するアプローチ

に時間をかけました。バスケットのスキル、シュートやディフェンスの強化に取り組んできたのはもちろんですが、一番アプローチしたのはメンタル面の強化でした。実は、1年くらい前からメンタルコーチを個人的につけています。

皇后杯の決勝ではいいプレーができませんでした。ネガティブに陥りそうなメンタルをいかに立て直していくか、それが一つのカギでした。皇后杯からWリーグファイナルまでの3カ月ではなく、1年前から取り組んできたことがそうして一つの実として結ばれたのが、Wリーグのプレーオフだったのです。

自分のメンタルコントロールはまだまだですが、以前に比べると、状況を客観視できるようになってきたと感じます。また、すごく大事なのは「言語化する」ことだと自分の中で学んでいます。

言語化に関しては、最初のうちは漠然としていました。個人としてどうなりたいかという問いに対しては、「あんなふうになりたい」といった漠然とした欲求はありましたが、明確な言語としては出てきませんでした。具体的に聞かれると「うーん」と困っていました。でも、いまはそれを言えます。目的や目標を明確に設定できるようになったと感じています。そこは少し成長したところではないでしょうか。

メンタルコーチをつけたのは、自分のセカンドキャリアを考えたことがきっかけです。もちろん、すぐに現役を引退するということではありません。自分の人生はバスケットだけで終わるわけではないから、今後のセカンドキャリアについてもちゃんと考えようと思う時期があったのです。新型コロナウイルスの影響が出始めた2020年の5月か6月くらいだったと思います。

さまざまな人脈を使って数名の方につなげてもらった中に、いまのメンタルコーチとの出会いがありました。当初はセカンドキャリアというよりは、人生勉強の一つとして、さまざまな人の人生を聞いていました。その中の一人がメンタルコーチでした。その彼にいろいろと聞いているうちにメンタルの話になり、おもしろそうだなと。それがきっかけです。

自分は2017-2018シーズンにアンテロープスに移籍してきました。Wリーグで優勝した2020-2021シーズンは4年目でしたが、まだどこかしっくりとしていないところがありました。

かつての自分は何がなんでも自分で得点をとりにいくような、よくも悪くも自我をたくさん出すプレーヤーでした。ところが、気がつくと、チーム内で年上になって後輩が増え、自分がやるべきことは自我を出すようなプレーではないと思うようになっていました。

この点については、賛否両論がありました。これまでのようにやったほうがいいと言う人もいれば、変えたほうがいいと言う人もいて、自分の中にすごく葛藤がありました。

自分自身としては、自我を出したいときもありますし、そうではないときもあります。何よりも求めているのはアンテロープスの優勝で、自分はそのために何をしなければいけないのだろうかと迷走していました。自分のプライドに対して迷いが生じていましたし、チームのために何をしなければいけないのかを考えてそれを実践しても、心の中でどこかモヤッとするときがありました。本当に落ち着かない時期があったのですが、メンタルコーチなら自分の悩みを解消してくれるのではないか、解決の糸口を何か見出してくれるのではないかと考えました。

メンタルコーチの彼にとっては仕事ですから、お金が発生しますし、コーチングになりますが、それだけの料金と時間を費やしてでもやりたいと思いました。いまのままではいけないと感じて始めてみたのです。それで、現在もコーチをやってもらっています。

自分自身に向けた視点で今回の優勝を考えると、取り組んできたことが実を結んだと言えますし、自分でしっかりと言葉を話せるようになったのが、何よりもすごく大きな前進だと思います。女子日本代表における自分のスタイルも、それがあったからこそ築けました。目標に対して明確に取り組めていると実感できます。

もちろん、まだまだです。成長とまでは言えませんが、一歩ずつ、ちょっとずつ変われてきているのかなと感じます。

「独り立ちするべきではないか」

アンテロープスの選手たちには、プロ意識といいますか、バスケットを仕事にしているとの気持ちが強くありますが、チームの優勝を目標にする中で、それについていけなければ、カットされてしまいます。そういった厳しい状況を移籍してきたときに痛感しました。一人ひとりが仕事をちゃんとできていなければダメだと強く感じましたが、そういったところも、「自分はこのままじゃダメだな」と思わされた部分です。当時、自分は富士通のエースとしてアンテロープスに入ってきたわけですが、それだけではダメだとすぐに感じたことによって、変わらなければいけないと強く思えるようになりました。

富士通に残って、エースとして活躍する道も、もちろんあったと思います。ですが、日本代表という自分のもう一つの夢を考えたときに、富士通と日本代表では求められるポジションが異なっていたので、そこに自分なりの危機感を抱いていました。チームの状況や海外志向が強い自分へのバックアップ体制などを考えたら、移籍するべきではないかと思ったのです。

富士通の町田瑠唯選手とは高校生のときからずっと一緒にプレーしてきた仲で、これからも彼女とずっと一緒にプレーしたいと考えていました。一方で、もし自分が海外に挑戦できることになったら、そこに町田選手はいませんん。だったら、「ここで独り立ちするべきではないか、自分自身が学べるところに出ていくべきではないか」、そう考えました。

見方によっては自分勝手に映るかもしれません。でも、日本代表への思いはそれくらい強いですし、自分自身の向上心やレベルアップに対する思いも強く持っているつもりです。

トレーナー陣とストレングスコーチの存在が大きかった

近年のアンテロープスは、自己管理の文化を築いています。自分も最初は寮に入って寮で食事をするなど、チームに甘えていたところがありました。でも、いまはいろいろなことにスムーズに適応できているかなと思います。そのクオリティーが高いかどうか、それは分かりませんが…。こなせてはいますが、きちんと継続できているかと問われたら、体のことを含め、いろいろな面で足りないところがあると思います。

それでも、富士通時代の経験を生かし、勉強できているかなとは感じます。富士通時代からお世話になっているFOCSの北本文男さん（29ページを参照）に「そんな感じじゃダメだ！」と喝を入れてもらったり、富士通時代から一緒にやっているトレーナーの（仲村）愛さんに頼らせてもらったりしています。「自分はこうするのがいいよね」などと話しながら、なんとかやっています。

今回の優勝を振り返ると、愛さんたちトレーナー陣とストレングスコーチの千葉（秀哉）さんがすごく大きな存在だったと思います。彼らに順応してくれたコーチ陣や彼らの指導に対応して頑張った選手はもちろんですが、トレーナーとストレングスコーチの存在に助けられました。選手のコンディションや選手の立場など、いろいろなことを見て、それらとチームの状況を天秤にかけながら、コントロールしてくれました。

自分はヒザにケガを抱えています。それ以外にもさまざまなケガを抱えているのですが、それらについて常に相談しながら、シーズンを進めました。「いまはやらなきゃいけないよね」、「いまは休まなきゃいけないよね」などといろいろな話し合いをしながら、進められたと思います。

トレーナーとストレングスコーチの存在が大きかったのは、皇后杯でもWリーグのプレーオフでも、大きなケガ人がいない状態で全員がプレーできたことが示していると思います。彼らこそもっと評価されるべきですし、とても大切な仕事をしてくださったことに感謝しています。自分もみんなも信頼して体の相談ができますし、信頼しているからこそ、千葉さんが示す厳しいトレーニングに取り組めます。今回の優勝は、間違いなく彼らがいたからですし、いまのアンテロープスに必要不可欠な人材だと思っています。

彼らがどのような意識でどういうことをしてきたのか、詳しいところは分かりませんが、曲者と言ってもいいルーカス（・モンデーロヘッドコーチ）に対し、2年でアジャストできたのです。「こう伝えたらいい」、「ルーカスはこう思っているから、こうしたほうがいい」とアドバイスしてくれることからも分かるように、ルーカスとの意思疎通ができているように感じます。

そうした対応は、彼らの中ですごく変えたところだと思います。実務的に何かを変えたというよりは、それが愛さんや千葉さんの本当の力なのではないかと感じます。そこがチームに対してフィットしたのです。何が正解かは愛さんや千葉さんにも分からないかもしれませんが、優勝できたことについては、2人がやってきたことは正しかったのではないかと言えると思います。何かが変わったというよりは、2人がアンテロープスというチームの状況にうまく対応したことが優勝につながったのでしょう。

自分自身の体について言えば、よくなっているいると感じることもありますし、一方で「おばさん化しているな」と感じることもあります。それでも、自分の体を自分でしっかりと把握し、コントロールできるようになってきました。愛さんとは、「富士通時代はこれでうまくいっていたから」と従来通りにやることもありますが、逆に、「ちょっとガタがきているから、こういうトレーニングで調整していこう」といった具合に変化にも取り組めました。

大きなケガをしない限りは休みません。休むのではなく、調整で補っています。完全休養だとチームに影響しますが、ここをちょっとだけといった調整をすることで、チームに対するダメージを最小限に抑えられます。そういったところはうまくできたかなと思います。

100%を出すことが、最近ようやくできるようになってきた

ルーカスは、「きょうはすごく疲れているから、練習を短くしよう」と言ってくれたりします。日本の多くのコーチとは違い、短期

集中で強度重視なので、自分たちとしては「ああ、きょうも練習か…」とネガティブに思うことはあまりありません。バッとやって、バッと終わるので、集中して頑張ろうと思えます。でも、だからこそ、バスケットへの気持ち、バスケットにかける思いに対して、練習に対して、中途半端な気持ちでは入れません。これは、自分にとって大きな意味がありました。

実を言うと、当初は短期集中で強度重視の練習に対応できていませんでした。「練習で100%を出すって何？」みたいな気持ちで、「どうすればいいんだろう？　ぶっ倒れるって何？」といった感じが正直ありました。

コーチ陣が練習のときにかけてくる圧は、移籍してきたシーズンにヘッドコーチだったドナルド・ベックさんにもありましたが、ルーカスとイヴァン（・トリノスアソシエイトヘッドコーチ）になってから、さらに強くなりました。極端な話をすれば、「練習中に死ぬんじゃないか」と思うくらいの濃密な練習をやります。20年くらいの自分のバスケット人生で一番キツイ練習をしていると思います。

でも、そのおかげで、100%を出すことが最近ようやくできるようになってきました。出せない日もありますし、自主練習ができてしまう日もあるのですが、「100%に向かってやる練習とは何か」が分かってきた気がします。それが優勝につながったのだと信じています。

歴史を変えた
選手たちの声
Vol.6

河村美幸
（かわむら・みゆき）

© TOYOTA Antelopes

1994年生まれ、愛知県出身。2013年、桜花学園高校からシャンソン化粧品に加入した。2017年のアジアカップ日本代表。2018年に右ヒザ前十字靭帯を断裂し、そのシーズンを棒に振ったが、翌年に移籍したアンテロープスで復活を果たした。経験豊富なセンター。2021-2022シーズンからキャプテンを務める。

戦術的な理解度が深まった

今回、優勝できた要因としては、ルーカス（・モンデーロヘッドコーチ）体制の2年目になり、戦術的な理解度が深まったことが挙げられます。チームの共通理解やチームルールが徹底されたところで、チームディフェンスが機能しました。さらには、オフェンスも機能したことで優勝できたのかなと思います。

ディフェンスを例に挙げると、ルーカスが求める細かいルールに対し、選手たちがすばやく対応できるようになりました。私が以前在籍していたシャンソン化粧品の場合、当時は細かいルールが決まっていませんでした。「相手選手によって変える」、「基本的にはマークマンについていくけど、無理だったらスイッチする」など、どちらかと言えば、その場その場で判断することが多かったのです。でも、ルーカスのバスケットでは、「このクォーターはスイッチしない」、「このチームのときは絶対にスイッチする」、「基本的には頑張ってついていくけど、緊急時だけスイッチしてもOK」といった具合に、ルールがより細かく決められています。

1年目はそうした指示に誰も対応できなかったように思います。一方のサイドでは完結できていたとしても、逆サイドのローテーションはうまく回らず、その結果、空いている選手にパスが入って簡単にシュートを打たれる場面が多かったのです。私はルーカスが就任したシーズンに移籍してきたのですが、リーグ戦が始まった頃はそうした失点が多く、負けた試合がいくつかありました。

ところが、2020-2021シーズンは、それが大きく改善されました。ENEOSとのWリーグファイナルでは、スイッチしてローテーションする際、ビッグマンはビッグマンを受け取る、受け渡されたガード陣はアウトサイドのプレーヤーを捕まえに行くというルールでやりました。

相手が2メンサイドでスクリーンを使うプレーをやろうとしたら、逆サイドのビッグマン（ディフェンス。アンテロープスの選手）は「飛び込んできたビッグマン（オフェンス）は自分がもらうよ」と事前にチームメイトに伝えておきます。そして、実際にそのプレーが出たら、伝えていた通りの動きをする。余ったガードには「あっちを守りに行って」と声を出すなど、みんなでチーム戦術を理解し、しゃべることができていました。

ディフェンスに関してシーズンのベストゲームを挙げるとすれば、間違いなくENEOSとのファイナルだったと自分は思います。もちろん、ENEOSは細かい戦術を使い、私たちのディフェンスを崩そうとしてきます。それを守ろうと思えば、頭を使い、足も動かさなければいけません。正直、すごくきつかったのですが、相手の変化に自分たちのディフェンスがついていけることが楽しく感じられました。

機能しすぎていると思うくらい、自分たちのディフェンスはすごかったのです。細かく決められたチームルールの中で、選手が状況に応じてさまざまな判断を下し、それに相手がハマっていくことがすごく楽しく思えました。

「ここで勝たなきゃ、意味がない」

優勝の要因をさらに挙げるとすれば、チームが一つになって戦えたことでしょう。以前は、雰囲気が悪くなると個人プレーに走るところがあったのですが、今回はそういう場合は一度落ち着き、みんなで声をかけ合うようになっていました。そうなれたのは、やはり皇后杯の負けがきっかけです。選手たちにとってもきっかけになりましたが、コーチ陣にとってもそうだったと思います。あの負けのあと、コーチ陣はデータを駆使しながら、何がダメだったのかをバスケットの面とトレーニングの面でしっかりと示してくれました。

バスケットの面で言うと、最後の1対1のところですべて負けていて、失点の何パーセント以上が1対1からのものだったとするデータが出てきました。つまりは、個人技のところで負けていたわけです。

トレーニングの面で言うと、「第4クォーターの運動量が明らかに落ちていたから、そこでの走りの強度を上げなければいけないね」とストレングスコーチの千葉（秀哉）さんに指摘されました。アンテロープスのほうがタイムシェアができていたはずなのに、第4クォーターの運動量で劣っていたと言われました。

そこからWリーグファイナルまでの3カ月は、バスケットの面では1対1を、トレーニングの面では走り込みを、特に第4クォーターの終盤を想定しながら行いました。Wリーグファイナルまで勝ち進んだときは、「ここで負けたら3カ月前と一緒。私たちは、この3カ月間、反省点をあぶり出してやってきたのだから、ここで勝たなきゃ、意味がない」と思いました。皇后杯の負けがあったからこそ、足りないところに気づくことができました。そこにみんながフォーカスして取り組んだ結果の優勝だったと思います。

常にいるストレングスコーチが本当にありがたかった

優勝できたのは、ストレングスコーチやトレーナーの存在がとても大きかったと感じます。比較になってしまうのですが、私がいた時代のシャンソン化粧品はストレングスコーチが週に1、2回しか来られない状況でした。普段は違うところで仕事をしている方だったからです。でも、アンテロープスには千葉さんが常にいます。

試合前はどうしてもバスケットの練習が中心になり、チームとしてのトレーニングの時間がとれない場合があるのですが、そのときに千葉さんがいると助かります。自分は両ヒザを故障した経験があるので、ボリューム自体は大きくありませんが、リハビリを兼ねたヒザ中心のトレーニングを組んでもらっていました。

また、練習中に走る強度のデータをとっているので、スピードが足りていない、切り返しがまだちょっと遅いといったフィードバックをしてくれます。走り方そのものについても、「前に進んでいないよね」とのことで、修正を加えてくれました。それまでの私は上に跳ねるように走っていたのです。「だから、前に進めていない」と言われ、チューブをつけて前に進むトレーニングをチーム練習の前後に入れたり、股関節の動かし方のトレーニングをチーム練習の前に入れたりしました。

ヒザに古傷があるので、股関節周りの使い方やお尻の力の入れ方についても、メニューを組んでもらいました。そういった個別のトレーニングメニューを組んでもらえたことは、私を含め、選手たちにとってすごく大きな意味がありました。

そうした取り組みは、千葉さんからの一方的な指摘だけによるものではありません。選手からも「速く切り返せない」、「走りでスピードが出ない」といった感覚を千葉さんに伝えます。すると、足りないところや体の使い方をいくつかアドバイスしてくれます。それらを改善するメニューをウォーミングアップ前に取り入れたりしました。

トレーニング機器が揃っているアンテロープスの体育館だけでなく、そうした機器がない試合会場でも、チューブなどを使い、チームのウォーミングアップ前に個別のトレーニングをやります。千葉さんがそういった動きを見てくれるのは本当にありがたかったです。

移籍してきた選手が目の当たりにするアンテロープスのスタンダード

私たち選手は幼い頃からずっとバスケットをやっていますが、ストレングスコーチやトレーナーから学ぶことが数多くあります。走っていると、「きつい」と思うケースが当然あるのですが、千葉さんは「スクワットなどで下半身の筋力を上げることによって、走りが楽になる」と言います。心肺機能としてきつく感じるのはもちろんなのですが、「最後は脚力だから」と千葉さんがボソッと言っているのを聞き、脚力のトレーニングに対して、前向きに取り組むようになりました。

結果として、以前よりもいまのほうが、下半身のスクワットや片足のランジで重いウェイトを上げることができるようになりました。その分、走るときに足を楽に運べています。呼吸としてはきついのですが、足までは疲労がきません。単純に走っていれば体力がつくというわけではない、単純に走っていればスピードが上がるというわけではないことを学びました。

最近はWリーグのチーム間での移籍が増えていますが、アンテロープスに移ってきた選手は千葉さんのメニューがうまくできないところがあります。彼のメニューをこなしてきた私たちからすれば、できて当たり前と思うメニューさえもできません。もちろん、これからできるようになるのでしょうが、他チームではこういうトレーニングをやっていなかったのだなと感じます。

当たり前のようにやってきた私たちにはなんの違和感もありませんでしたが、新しく加わったメンバーの動きを見るにつけ、フィジカルでこんなにも差がつくのかと考えさせられました。彼女たちがきついと言っているものは、アンテロープスではスタンダードです。

データとして分かるとおもしろい

自分の走り方について前述しましたが、いまは走るスピードやパワーがデータで分かります。それを始めたのが２０２０－２０２１シーズンあたりで、当初は「データをとるんだ」くらいの軽い感じで見ていました。

その頃、平下（愛佳）がめちゃくちゃ走っていました。走る距離が長くて、強度も高く、その数値を見たみんなが「すごいじゃん！」と。自分の順番ではないときに平下の走り方を見たところ、確かに速いのです。パワーも感じられました。数値から、データのおもしろさに触れました。最近は分からない数字があると、「これはなんの数値？」と千葉さんに聞いたりしています。

自分自身が「きょうはきつかったな」と思うと、実際の数値でかなり走っていたことが分かりますし、「いつもよりも楽だったな」と思うと、確かに走りの量が少なかったりします。一方で、「きょうは全然きつくなかったな」と思ったのに走行距離のデータが上がっていたら、自分の体が少し強くなったのだと分かります。自分の体や動きがデータとして分かることがおもしろいので、自分はいつも数値をチェックしています。

個々の状態に合わせたトレーニングやケア

ウエルカムではないにしても、自分はトレーニングをやりたいタイプです。ヒザに不安を抱えていますが、これまではトレーニングができない状況にあったからケガをしたのかなとも思いますし、やっておいたほうがいいと考えています。

確かにトレーニングはきついです。ウェイトだって当然重いのですが、それをやると、力が入る気がします。ですから、きつくても、練習で疲れていても、次の日が休みだったら、「ヒザのこともあるから、トレーニングをやりたいです」と千葉さんにお願いしています。

2020-2021シーズンは新型コロナウイルスの影響により、Wリーグ開幕後の1、2週間は地元の愛知県内でゲームを行っていました。金曜日にアンテロープスの体育館で練習してから、試合に行くパターンが多かったのですが、そのときも千葉さんに相談しながらトレーニングを続けていました。

試合期になると、ウェイトトレーニングの時間が減ります。ゲーム前日の金曜日のチーム練習は少し短めで時間ができるので、自分だけは試合前日でもウェイトトレーニングを入れてもらっていました。

それを2週くらい続けたあとの3週目に、ウェイトトレーニングをやらずにゲームに臨んだことがありました。そうしたら、たまたまかもしれませんが、調子がよくありませんでした。ルーカスが千葉さんに「何かあったの？」と聞いてきたほどです。千葉さんは「ヒザに特に問題があったわけじゃない」と伝えたそうですが、ウェイトトレーニングをやらなかったその週は、体がどこか軽すぎる感じがありました。そのため、「やっぱり、試合の前日にもトレーニングを入れたい」と話しました。

それからは、試合の前日でもスクワットを普通にやったり、下半身をメインにトレーニングをやったりしています。すると、ほかの選手たちが「自分もやりたい」と言い始めました。千葉さんは、「やめて！　これはルーカスに伝えてあることだし、タク（私のこと）はヒザの力を出すためにやっているんだから」と説明していました。

個々の状態に合わせたトレーニングやケアをしてくれたことは、ベストコンディションを維持したり、シーズン中でもコンディションを向上させたりする上で、とても大きかったと思います。皇后杯の際は連泊でしたが、ホテルにトレーニング機器を持ち込み、ホテルのケアルームで千葉さんに見てもらいながら、ダンベルをかついでスクワットをしていました。

当たり前のレベルを一段階上げ、常に成長し続ける

2021－2022シーズンについて話すと、女子日本代表に選ばれた選手たちは、オリンピックを終えるまでは、その活動がメインになります。彼女たちがチームに合流するのは8月中旬以降です。Wリーグの開幕は10月中旬なので、彼女たちと練習する期間はわずか2カ月くらいしかありません。それでも、移籍で加わった選手や新人が新しい戦力になってくれると思います。その子たちにアンテロープスのバスケットをしっかりと教え

られるかがポイントになるでしょう。アンテロープスのバスケットのリズム、強度、プレースタイルを伝えていかなければなりません。

そのためには、自分が日本代表組と新加入組とのつなぎ役になれたらいいなと思っています。日本代表組は特にキャラクターの強烈な選手たちなので、全体の様子を見ながら、バランスをとって手助けしていけたらいいかなと考えています。

２０２０－２０２１シーズンと同じ結果を残すには、そのとき以上のことをやる必要があります。トレーニングもさらに上のレベルでやっていく必要があります。自分たちのスタンダードが上がっているので、そうしなければ、成長はありません。

アンテロープスの当たり前のレベルを一段階上げるつもりです。そうすることで体をより強くし、バスケットのレベルも引き上げたいと考えます。

新しく加わった選手たちは、２０２０－２０２１シーズンのアンテロープスのレベルに到達していません。日本代表組が帰ってくる前に、私も含めて最低でもそれくらいのレベルまでは上げておきたいなと思います。

20
KG
BULL
JAPAN
20
KG

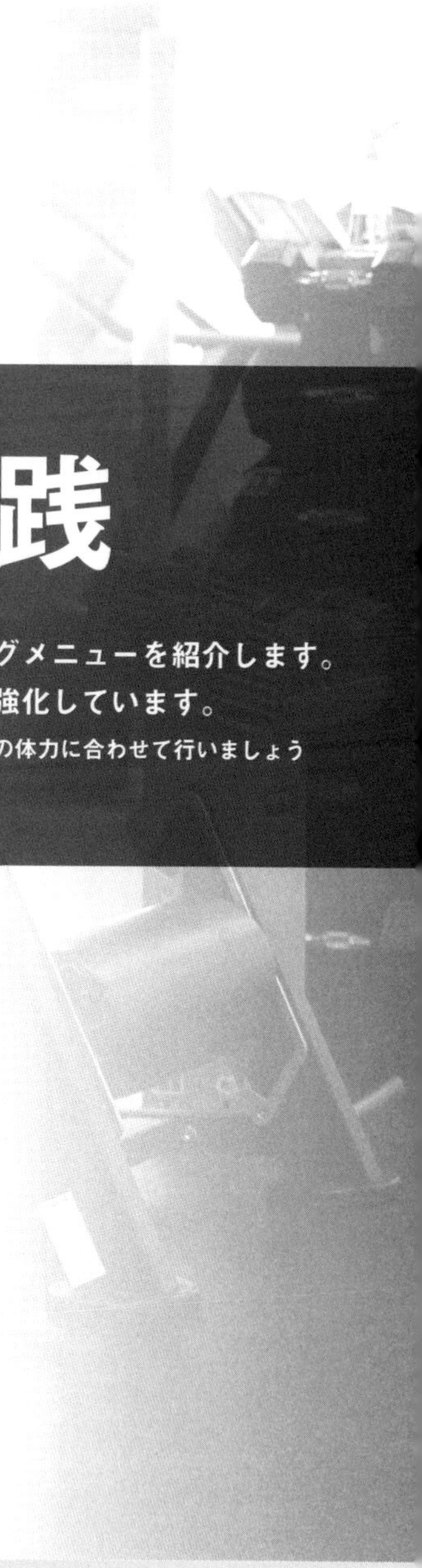

メニューの実践

ここからは、チームで実際に行われているトレーニングメニューを紹介します。
各選手は、設定したレベルに沿って、縦と横の動きを強化しています。
※読者のみなさんが取り組む際は、ポイントやNGなどに注意し、自分の体力に合わせて行いましょう

縦の動き（前後および上下）の強化

前後に走ったり、飛んだりする動作を強化するトレーニング。レベル１から進めるが、正しい姿勢と正確な動きで行うことが何よりも大切になる。

<table>
<tr><th>トレーニングレベル</th><th colspan="4">トレーニング種目</th></tr>
<tr><td>レベル１</td><td colspan="2">ヒップリフト</td><td colspan="2">両足</td></tr>
<tr><td rowspan="2">レベル２</td><td colspan="2" rowspan="2">ヒップリフト</td><td colspan="2">片足</td></tr>
<tr><td colspan="2">ヒザ抱え</td></tr>
<tr><td rowspan="2">レベル３</td><td colspan="2" rowspan="2">ヒップリフト</td><td colspan="2">両足チューブ</td></tr>
<tr><td colspan="2">片足チューブ</td></tr>
<tr><td>レベル４</td><td colspan="2">ヒップリフト</td><td colspan="2">プレートツイスト</td></tr>
<tr><td rowspan="2">レベル５</td><td colspan="2">パターン１</td><td colspan="2">パターン２</td></tr>
<tr><td rowspan="3">ヒップスラスト</td><td>両足</td><td rowspan="3">R.D.L.</td><td>両足</td></tr>
<tr><td>レベル５＋</td><td>片足</td><td>片足</td></tr>
<tr><td>レベル５－
※ 小中学生など</td><td>自重</td><td>自重</td></tr>
</table>

※レベル１から５を段階的に行うことによって、スプリントやジャンプの強化へとつなげていく

▶ レベル１ ヒップリフト（両足）

目安とする回数（時間）

30 秒

やり方

仰向けになり、肩から腰までが一直線になるように、お尻を持ち上げる。足裏全体で床を押すようにする

▶ レベル２ ヒップリフト（片足）

目安とする回数（時間）

30 秒

やり方

ヒップリフトを片足で行う。お尻や足が落ちないように、一直線をキープする

▶ レベル２ ヒップリフト（ヒザ抱え）

目安とする回数（時間）

30 秒

やり方

片足のヒップリフトで上げた足を抱え込む。このときも、お尻や足が落ちないようにする

▶ レベル3　ヒップリフト(両足チューブ)

目安とする回数(時間)

30秒

やり方

チューブの片方の端を持ち、もう一方をパートナーに引っ張ってもらう。腰が横方向にずれないようにし、姿勢を保つ

▶ レベル3　ヒップリフト(片足チューブ)

目安とする回数(時間)

30秒

やり方

チューブを使ったヒップリフトを片足で行う。上げた足の股関節を90度に保つ。足裏で床をしっかりと押し、腰が落ちないようにする

レベル4　ヒップリフト（プレートツイスト）

目安とする回数（時間）

10回

やり方

おもり（プレート）を持ってヒップリフトを行い、そのおもりを左右に捻っていく。お尻が落ちたり、腰が反りすぎたりすることがないように、体幹をしっかりと固めて行う

▶ レベル5 パターン❶ ヒップスラスト（両足）

目安とする回数（時間）

10回

やり方

足裏全体で床を押し込み、バーを持ち上げる。ヒザの角度は90度。体幹をしっかりと固めること、お尻をしっかりと締めることが重要になる

ポジション

持ち上げたときに倒れないようにするため、ベンチに当てる位置を調整する

レベル5＋ パターン❶ ヒップスラスト（片足）

目安とする回数（時間）

左右各８回

やり方

片足を上げ、ヒップスラストを行う。持ち上げたときにバーが傾かないように、上げた足で安定させる

レベル5－ パターン❶ ヒップスラスト（自重）

目安とする回数（時間）

10回

やり方

パートナーが腰を押し、それに対して、ヒップスラストを行う

▶ レベル5 パターン❷ R.D.L.（両足）

目安とする回数（時間）

8回

やり方

まっすぐに立った状態から、股関節と膝《しつ》関節だけを使い、お尻を引くイメージで上半身を前傾させていく。腰が丸まったり、反ったりしないようにする

▶ レベル5+ パターン❷ R.D.L.(片足)

目安とする回数(時間)

左右各8回

やり方

体を前傾させながら、足を上げていく。股関節をしっかりと引き込むことが重要になる

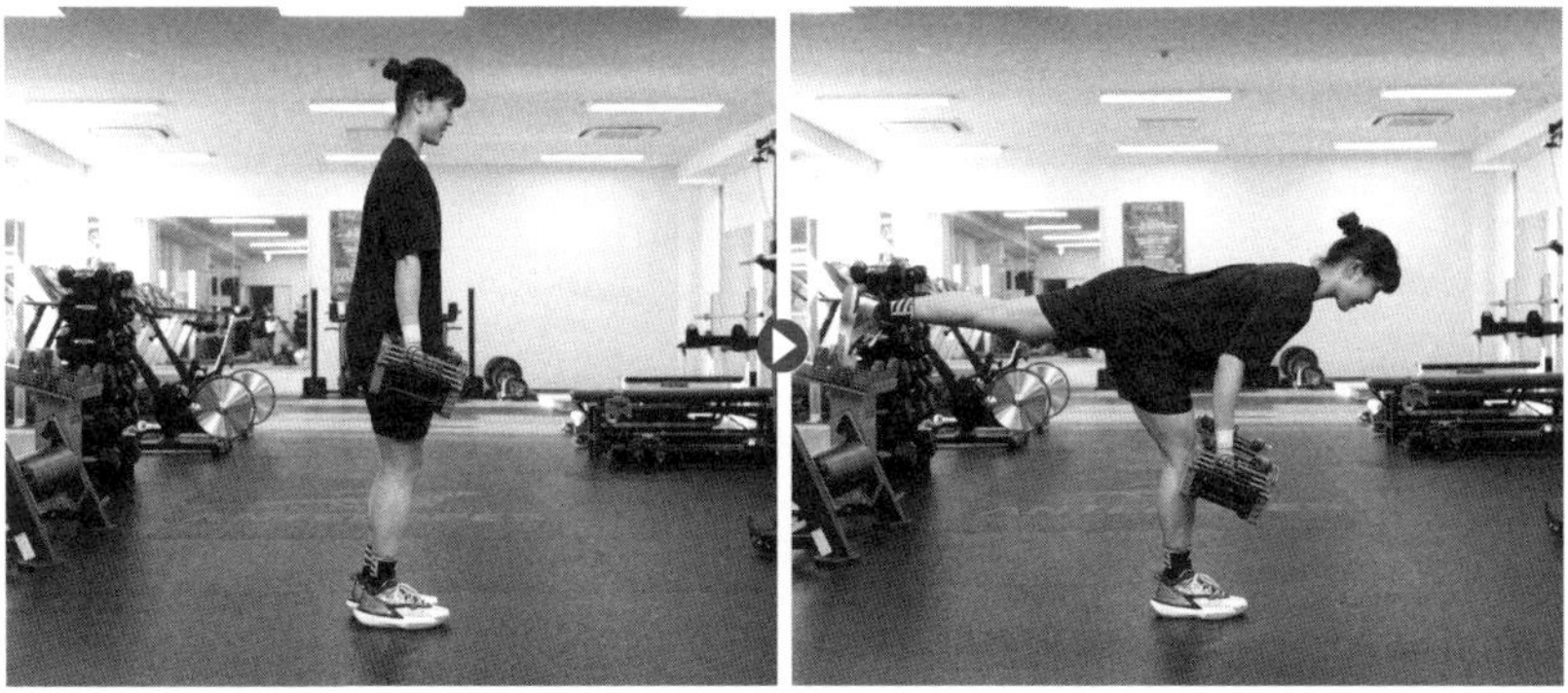

▶ レベル5- パターン❷ R.D.L.(自重)

ウェイトを使って姿勢が崩れる人は自重で行う

目安とする回数(時間)

左右各8回

やり方

動きとポイントは「片足のR.D.L.」と同じ。肩甲骨を寄せ、腕が下がらないように注意する

横の動き（サイドステップ）の強化

▶ サイドステップ（ノーマル＝基本）

バスケットでは横の動きが頻繁に行われる。ディフェンスにおけるサイドステップが代表的な例。横の動きをより強化するトレーニングも実施する。

<table>
<tr><th>トレーニングレベル</th><th colspan="5">トレーニング種目</th></tr>
<tr><td>基本</td><td colspan="5">サイドステップ（ノーマル）</td></tr>
<tr><td rowspan="3">レベル1</td><th colspan="3">パターン1</th><th colspan="2">パターン2</th></tr>
<tr><td rowspan="2">サイドブリッジ</td><td colspan="2">ノーマル</td><td rowspan="2">ウォールドリル</td><td>内足</td></tr>
<tr><td colspan="2">腿上げ</td><td>外足（クロス）</td></tr>
<tr><td rowspan="2">レベル2</td><td rowspan="2">サイドブリッジ</td><td colspan="2">ボール</td><td rowspan="2">サイドステップ</td><td>チューブ腰</td></tr>
<tr><td colspan="2">パス</td><td>チューブ腕</td></tr>
<tr><td rowspan="4">レベル3</td><td rowspan="4">ハーフニーリング</td><td rowspan="3">片ヒザ立ち
ボール回し</td><td>頭</td><td rowspan="4">サイドランジ
（ゴブレット
ポジション）</td><td rowspan="2">ノーマル</td></tr>
<tr><td>腰</td></tr>
<tr><td>チョップ</td><td rowspan="2">クロスオーバー</td></tr>
<tr><td colspan="2">片ヒザ立ちボール上げ</td></tr>
<tr><td>レベル4</td><td colspan="5">ランジ／サイドランジ</td></tr>
</table>

▶ レベル１ パターン❶ サイドブリッジ

目安とする回数（時間）

30 秒

横向きになり、一方の腕で体を支える。肩の真下にひじがくるようにする。体が一直線になるようにする

サイドブリッジの姿勢から上側の腿を上げ、内転筋と体幹で体を支える

▶ レベル１ パターン❷ ウォールドリル

目安とする回数（時間）

20 秒

壁に対して横向きになり、壁側の手を壁につく。壁側の足を上げ、壁に寄りかかるようにして立つ。足裏で床をしっかりと押し、体が一直線になるように体幹を保つ

壁から遠いほうの足を上げ、壁に寄りかかるようにして立つ。上げた足をクロスさせ、伸ばした足の内転筋と体幹で体をキープする

▶ レベル2 パターン❶ サイドブリッジ（ボール）

目安とする回数（時間）

5往復

やり方

空いている手でボールを持ち、サイドブリッジを行う。頭の上から腰でボールを動かす

▶ レベル2 パターン❶ サイドブリッジ（パス）

目安とする回数（時間）

10回

やり方

サイドブリッジの状態でパートナーとパス交換をする。パートナーは、頭や腰など、手が届く範囲のさまざまな場所にボールを投げる

レベル２ パターン❷ サイドステップ（チューブ腰）

目安とする回数（時間）

３歩／３歩で往復

やり方

腰にチューブをつけ、パートナーに引っ張られた状態でサイドステップを行う。往復とも引っ張られる力に負けないようにし、体を一直線に保ったまま、水平にステップを踏む

レベル２ パターン❷ サイドステップ（チューブ腕）

やり方

腕を伸ばしてチューブを持ち、パートナーに引っ張られた状態でサイドステップを行う。体幹を固めることと、肩や腕に力を入れすぎないようにすることが重要になる

▶ レベル3 パターン❶ ハーフニーリング

片ヒザ立ちボール回し①(頭)

目安とする回数(時間)

左右各5周

やり方

床につけたヒザと、同じ足のつけ根までを一直線にする。上体のバランスを保ちながら、頭の周りでボールを5周させる

片ヒザ立ちボール回し②(腰)

目安とする回数(時間)

左右各5周

やり方

①と同じ姿勢になり、腰の周りでボールを5周させる

片ヒザ立ちボール回し③(チョップ)

目安とする回数（時間）

左右各5回

やり方

①、②と同じ姿勢になり、肩とその対角線上の腰のラインでボールを素早く上下させる

片ヒザ立ちボール上げ

目安とする回数（時間）

10回

やり方

片ヒザ立ちの姿勢になり、両手に持ったボールを左右交互に頭上に上げる。腰が横に動かないように注意する

▶ レベル3 パターン❷ サイドランジ（ゴブレットポジション：ノーマル）

目安とする回数（時間）

10回

やり方

立ち姿勢から足を横に踏み出す。股関節を引き込みながら、体幹、お尻、母指球で衝撃を吸収して着地する。着地したら、お尻の力を使って床を押し返し、もとの姿勢に戻る。これを繰り返す

▶ レベル３ パターン❷ サイドランジ（ゴブレットポジション：クロスオーバー）

目安とする回数（時間）

10回

やり方

サイドランジの際とは逆側の足を内側に入れて沈み込む。胸の位置は常に正面に向けておく。お尻の力を使い、姿勢を安定させる

▶ レベル4 パターン❶❷ ランジ

目安とする回数（時間）

左右各８回

やり方

立ち姿勢から、片足を一歩前に出して沈み込む。前足に体重をしっかりと乗せる。動作中は、腰が丸まったり、背中が反ったりしないように注意する

▶ レベル4 パターン❶❷ サイドランジ

目安とする回数（時間）

左右各８回

やり方

片足を横に踏み出して沈み込む。踏み出した片足足に体重を乗せる。動作中は、腰が丸まったり、背中が反ったりしないように注意する

姿勢チェック　ランジ＋(プラス)

やり方

チューブを使い、ランジの正しい姿勢を身につける。前足のヒザの上（太腿の下）あたりにチューブをつけ、パートナーに引っ張ってもらう。引っ張られても、ヒザをまっすぐに保って沈み込む

NG

▲チューブをつけたヒザがパートナー側に引っ張られるのはNG

▼チューブをつけたヒザが体の内側に折れるのもNG

姿勢チェック　サイドランジ＋(プラス)

やり方

チューブを同様に使い、サイドランジの正しい姿勢を身につける。パートナーに引っ張られても、ヒザをまっすぐに保って沈み込む

「おわりに」に代えて

アンテロープスのチームビルディングから学ぶいいチームづくりとは

三上太（スポーツライター）

2004年にスポーツライティングの世界に飛び込んで以来、いや、実際にはその数年前から、女子バスケットボールを追い続けてきました。男子とは異なる、多彩な連動性とパッシング（パス）の美しさ、シュートの精度など、東京2020オリンピックで女子日本代表が銀メダルを獲得した、まさしくそのバスケットに魅了されたからです。

取材を始めた当時はジャパンエナジー（現ENEOS）が「1強体制」を築く前で、そのジャパンエナジーは、それまでの主力選手が引退するなど、むしろチームとしてもがいている時期でした。頂上決戦を展開していたのはシャンソン化粧品と日本航空JALラビッツ(2010‐2011シーズンで廃部)。また、富士通が台頭してきていました。

そうした時期に力をつけてきたのが、本編の主人公であるアンテロープスです。丁海鎰(チョン・ヘイル)、後藤敏博、ドナルド・ベック、ジェームス・ダンカン、イヴァン・トリノス、そしてルーカス・モンデーロ。さまざまなヘッドコーチが手腕を発揮し、強豪チームへと育てたのですが、それでも女王・ENEOSの壁を打ち破ることはできませんでした。皇后杯こそ2013年1月に下賜されましたが、それ以外ではことごとく跳ね返されてきたのです。

しかし、誕生から22年目を迎えた2020‐2021シーズンのWリーグにおいて、彼女たちはその高く、厚い壁をついに乗り越えました。悲願のWリーグ初制覇。本書はコーチ、選手、スタッフの証言からその裏側をたどり、彼女たちが取り組んできたトレーニングやケアの一端を紹介するものです。

Wリーグにおいては、企業チームがいまなおその大半を占めています。そうした企業文化の観点から、かつては移籍がままならない時期がありました。しかし、2017‐2018シーズンにルールが緩和され、アンテロープスに有望な選手が集まるようになりました。とはいえ、いくら有望で、能力や経験値の高い選手が集まってきても、それだけで勝てるほど、Wリーグの壁は低くありません。優勝できるだけのチーム力をつけなければ、その頂点に立つことはできないのです。それこそがENEOSが前人未踏の11連覇を達成できた要因でもあります。

では、なぜアンテロープスは2020－2021シーズンにおいて優勝することができたのでしょうか。

今回の証言インタビューは東京2020オリンピックが始まる1カ月くらい前に行ったものですが、その中で失礼にも、「ENEOSの渡嘉敷来夢がケガでいなかったことが勝因とする人もいますが……」と彼女たちに尋ねました。渡嘉敷は日本が世界に誇る193センチのセンターフォワード。2020年12月に右ヒザ前十字靱帯損傷という大ケガに見舞われた彼女は、Wリーグファイナルに出場できませんでした。それをENEOSの敗因、つまりはアンテロープスの勝因に挙げる向きがないわけではなかったからです。

アンテロープスの選手たちは、心のどこかでそれを認めつつ、ケガさえも勝負のうちだと答えました。確かにその通りです。約半年におよぶシーズンにおいて、ケガに苦しむチームはENEOSに限らずあります。しかし、大きなケガを予防するシステムを構築して、コンディションを高め続けることや、たとえケガ人が出たとしても、それをうまく乗り越えることが最終的な結果につながります。

2020-2021シーズンのアンテロープスは、その面において秀でていました。そして、それを主に担ったのは3人のコンディショニングスタッフです。彼らが選手たちのコンディションに常に留意し、モンデーロヘッドコーチらと図りながら、最高の状態でチームを動かしてきたのです。選手たちの才能や日々の努力、モンデーロヘッドコーチの戦略や戦術、各コーチやマネージャーらのサポートが大きかったのはもちろんですが、それだけではなかったのだと示したところに、今回の優勝の価値があります。

かつて、あるトップ選手からこんな言葉を聞きました。

「ケガをしないことってすごく大切なんです。ケガをしなければ練習ができるから。その積み重ねができる選手はやはりうまくなっていきますよ」

前述した通り、アンテロープスには、有望で能力の高い選手たちが多く在籍しています。その選手たちが、大きなケガをせずに、モンデーロヘッドコーチが求める高強度かつ質の高い練習を積み重ねれば、チーム力が上がるのは明白です。

もちろん、技術と体力だけではありません。ベテランの栗原三佳が本書の中で語っているように、チームとしてのメンタルの変化も欠かせませんでした。それは、選手が口々に言うように、2020年12月に行われた皇后杯決勝戦での負けに起因します。渡嘉敷がいないENEOSに逆転負けを喫したその決勝こそが、それまでも「勝ちたい」と言い続けながら実現できなかった彼女たちを変える最後のフックになったのです。

負けるのは決して恥ずかしいことではありません。はいつくばるほどの悔しさはもちろん残りますが、そこから立ち上がれる選手がいれば、立ち上がれるチームがあれば、その負けにはきっと意味が生まれます。それこそがスポーツの醍醐味ではないでしょうか。

2021-2022シーズンのWリーグは、東京2020オリンピックでの銀メダル獲得によって注目を浴びることでしょう。しかし、それまでに培ってきた戦いの日々が銀メダルを生んだことを忘れてはいけません。次に目指すべき世界一もまた、Wリーグでの戦いが土台になっていきます。

その最初のシーズンをアンテロープスはディフェンディング・チャンピオンとして臨みます。しかし、彼女たちは立ち止まりません。本書で証言してくれた安間志織はドイツ・ブンデスリーガに参戦するためにチームを離れました。ほかにも数人が引退や移籍によって去りましたが、一方で新戦力が加わりました。さらなる高みに向かい、次の一歩を踏み出し続けるだけなのです。

ＥＮＥＯＳでは渡嘉敷が復帰します。東京２０２０オリンピックで活躍したシューターの林咲希もいます。髙田真希と赤穂《あかほ》ひまわりを擁するデンソーや、オリンピックのアシストレコードを塗り替えた町田瑠唯が引っ張る富士通など、アンテロープスを除く12チームが彼女たちに立ち向かってきます。そして、そうした切磋琢磨がアンテロープスをより高いレベルへと引き上げるのです。

また、Ｗリーグの選手たちにあこがれる若い世代やその指導者たちが、アンテロープスのチームビルディングをヒントにすることで、よりよい選手に成長したり、よりよいチームを育てたりすれば、日本女子バスケット界全体のレベルアップにつながります。

〝正解〟のないバスケットボールの世界において、これまでの日本にはあまり見られなかったスタイルで歴史を動かしたアンテロープス。その軌跡に触れ、改めて分かったことがあります。世界は広く、日本の女子バスケットボールの伸び代はまだまだ大きいのだと。そして、その未来は明るいのです。

２０２１年10月吉日　新シーズンの開幕を前に――

© TOYOTA Antelopes

トヨタ自動車女子バスケットボール部アンテロープス

トヨタ自動車の女子バスケットボール部として、1963年に愛知県豊田市で産声を上げた。チーム名の「アンテロープ」は鹿に似た優美な形態を持つものの総称であり、美しさ、俊敏さ、しなやかさを象徴する。

1988年からバスケットボール日本リーグ女子２部に参加し、1997年に１部昇格を果たした。1999年に改称されたWリーグ初年度は４位。２年目の2000－2001シーズンは最下位に沈み、入れ替え戦で敗れてＷ１リーグに降格した。しかし、１年でWリーグ復帰。2002年に丁海鎰がヘッドコーチに就任すると、６位、５位と上昇の兆しを見せ、3年目の2004－2005シーズンは３位に食い込んで初のプレーオフ進出を遂げた。

2005年にチーム名を「アンテロープ」から「アンテロープス」に変更し、2006年には本拠地を豊田市から名古屋市に移した。2008－2009シーズンまでプレーオフセミファイナルでの敗退が５年間続いたが、２年連続でレギュラーリーグ１位となった2009－2010シーズンにプレーオフファイナルに初進出。しかし、JOMO（現ＥＮＥＯＳ）に初戦から３連敗を喫し、日本一には届かなかった。さらにはそこから3年連続で準優勝に甘んじ、チームを10年間率いた丁海鎰ヘッドコーチが退任した。

後藤敏博を新ヘッドコーチに迎えた2012－13シーズンは、皇后杯で初タイトルを獲得したものの、Wリーグではまたしても準優勝に泣いた。2013－2014シーズン、2014－2015シーズンはともにプレーオフセミファイナルで敗退。ドナルド・ベック体制となった2015-2016シーズン以降は５位、準優勝、3位と依然としてWリーグを制覇できず、イヴァン・トリノスヘッドコーチに交代した2018－2019シーズンも３位に終わった。

迎えた2019年、女子スペイン代表ヘッドコーチのルーカス・モンデーロを指揮官に招聘した。就任１年目は新型コロナウイルスの影響によって途中でリーグ打ち切りとなったが、2年目の2020－2021シーズンに悲願を達成した。レギュラーリーグで西地区１位。そして、6度目の挑戦となったプレーオフファイナルでついにENEOSを破り、Wリーグ初優勝を飾った。

CREDITS

特別協力

トヨタ自動車アンテロープス

デザイン

黄川田 洋志
井上 菜奈美
中田 茉佑
有本 亜寿実
藤本 麻衣

写真

日本バスケットボール協会
トヨタ自動車アンテロープス
川口 洋邦
バスケットボール女子日本リーグ

構成・執筆

三上 太

編集

中谷 希帆

2020-2021 Wリーグ覇者《はしゃ》に学《まな》ぶ

トヨタ自動車《じどうしゃ》アンテロープスのチームビルディング

2021年10月30日　第1版第1刷発行

監　　修　トヨタ自動車《じどうしゃ》アンテロープス
発 行 人　池田 哲雄
発 行 所　株式会社ベースボール・マガジン社
〒103-8482 東京都中央区日本橋浜町 2-61-9 TIE 浜町ビル
電　　話　03-5643-3930（販売部）
03-5643-3885（出版部）
振替口座　00180-6-46620
https://www.bbm-japan.com/

印刷・製本　大日本印刷株式会社

ISBN 978-4-583-11403-3 C2075